LA IGLESIA LOCAL
Y SU PODER
EN LA COMUNIDAD
PARA ROMPER
CICLOS DE POBREZA

LA IGLESIA LOCAL

Y SU PODER EN LA COMUNIDAD

PARA ROMPER CICLOS DE

POBREZA

Dr. Arnoldo Granados

Editor: Eliud A. Montoya

PALABRA PURA
palabra-pura.com

La iglesia local y su poder en la comunidad para romper ciclos de pobreza

ISBN: 978-1-951372-03-3

Diseño del libro: Iuliana Sagaidak Montoya

Editorial: Palabra Pura, www.palabra-pura.com

CATEGORÍA: Religión / Iglesia cristiana / Crecimiento

IMPRESO EN ESTADOS UNIDOS DE AMERICA

PRINTED IN THE UNITED STATES OF AMERICA

CONTENIDO

Parte IV: Puesta en funcionamiento la estrategia misional eclesial para abatir la pobreza en la comunidad

Dedico este libro a mi amada esposa
Magda L. Granados, quien creyó en mí,
me animó y me brindó su apoyo
incondicional para concluir con éxito
esta obra.

RECONOCIMIENTOS

UN LIBRO NO NACE DEL VACIÓ, es el producto de todo un trabajo en equipo. Las fuentes de información y la opinión de los expertos que se adelantaron a investigar y a escribir antes que yo. Mi reconocimiento para el Dr. Juan Martínez, mi mentor en el doctorado en el Seminario Fuller, por inspirarme para realizar el ministerio de una manera misional en el siglo XXI. El tiempo que otros me permitieron tomar de ellos, lo que hizo posible me apartara para escribir. El apoyo incondicional de mi esposa, Magda L. Granados, quien fue la que creyó en mí y me apoyó en todo el proceso. Mi reconocimiento también para el Dr. Denis Rivera, maestro de la Palabra, quien me inspiró a continuar cultivándome en la jornada educativa. A los voluntarios que participaron en los equipos de trabajo de la iglesia que pastoreo (Centro Cristiano Internacional) y aquellos que experimentaron de primera mano el caso-estudio llevado a cabo en este proyecto. Al editor de este libro, el hermano pastor Eliud A. Montoya, gracias por realizar un trabajo de excelencia y profesionalismo, y por sus acertados aportes a esta obra.

Que Dios les bendiga a todos grande y ricamente.

— Pastor Dr. Arnoldo Granados.

PREFACIO

EXISTE UNA NUEVA REALIDAD en el mundo que nos rodea. Algo que el Dr. Arnoldo Granados toma en cuenta para sumergirse en las aguas de la investigación respecto al tema principal de este libro: la pobreza.

Siempre han existido pobres en la tierra; sin embargo, tal parece que el tema no es de mucho interés para la mayoría de las personas, ya que ellas prefieren escuchar de prosperidad y de abundancia económica. Se mantiene la idea de que este asunto le compete tan sólo a las entidades sociales, aquellas que se encargan de solventar algunas necesidades de entre los marginados, y el problema se relega al grueso del catálogo de los problemas sociales y de índole material dentro de las comunidades; eso y nada más.

No obstante, el doctor Granados describe —a través de este escrito— las diferentes facetas de la pobreza en el ser humano y permite que el lector vea el interés que Dios tiene sobre este tema, algo que deja bien claro en las Sagradas Escrituras. Asimismo, incentiva a las iglesias locales, a su pastor, a su liderazgo y a la congregación toda para que usen el poder de Dios y los recursos con los que cuenten, para convertirse en los agentes de Dios que ayuden a las comunidades en donde están ubicadas a romper los ciclos de pobreza.

El Dr. Granados se sumerge en esta nueva realidad (como dije al principio), realidad de cambios continuos, a fin de dar a conocer al lector —con mayor amplitud— la complejidad del tema citado, teniendo en mente utilizar este conocimiento en beneficio de la comunidad de fe. Es decir, que la iglesia pueda hacer ministerio en la comunidad circundante. Así, el Dr. Granados provee las herramientas necesarias —y que éstas les sirvan de equipamiento— para que los pastores y sus líderes sean capaces de conocer mejor a su gente, a sus comunidades, y tengan una idea más clara de lo que significa hacer iglesia en el siglo XXI.

El autor no sólo ha sido durante toda su vida un investigador por naturaleza; un maestro de institutos y seminarios bíblicos durante muchos años, y pastor, sino que él mismo ha vivido —de primera mano— esos cambios —los de la nueva realidad— en la presente era; éstos son los cambios y retos a los que cada iglesia local de hoy necesita enfrentarse y los que son abordados en este libro, haciendo uso de la experiencia adquirida del pastor Granados: esto es lo que plasma en este libro.

Por último, puedo atestiguar que cuando Dios le dio al pastor Granados este tema (para su desarrollo y comprobación) eran tiempos de prosperidad y de abundancia para la población del Sur de California y para toda la nación; sin embargo, hoy son otros tiempos, y no sabemos qué sucederá mañana. Es por ello que el conocimiento compartido en este libro cobra relevancia y seguro será de gran beneficio para los pastores e iglesias locales en general.

> *«También el reino de los cielos es semejante a un mercader*
> *que busca buenas perlas» (Mateo 13:45).*

— Rev. Magda L. Granados,
BTh., Pastor Asistente & Ministro
de Educación Cristiana para el Centro Cristiano Internacional,
Mission Viejo, California.

PRÓLOGO

LOS PASTORES ARNOLDO Y MAGDA L. GRANADOS siempre se han caracterizado por tener un ministerio de empoderamiento, transformación y desarrollo de líderes. Ellos desarrollan individuos, familias y comunidades enteras. Tengo la gran bendición de conocerlos por más de 25 años, y cada vez que les visito —ya sea en su casa o en su iglesia—, regreso bendecido y transformado. Sus vidas y sus ministerios transmiten el amor de Cristo, y su mensaje de la operación de Dios en las áreas espiritual, física, económica y social, afecta a todos cuantos se conectan con ellos.

De entre las más de 350 iglesias de nuestro distrito (el Distrito del Sur Pacífico de las Asambleas de Dios), la iglesia que pastorea el Dr. Granados, El Centro Cristiano Internacional, es una de que predica y demuestra amor e interés por los pobres de manera tangible mediante un cúmulo de ministerios de capacitación y desarrollo; y todo esto sucede porque esta iglesia es dirigida por pastores que conocen y practican la Palabra de Dios en su comunidad. El Dr. Granados predica a un Dios que ama a todas las personas, y siendo un ministerio inclusivo, toma a los pobres, les bendice y transforma en todas las áreas. El Dr. Granados no sólo conoce y predica la Palabra de Dios, sino que la pone en acción desde la iglesia y hacia toda la comunidad.

Gracias, Dr. Granados, por obedecer a Dios y escribir este importantísimo y oportuno libro *La iglesia local y su poder en la comunidad para romper ciclos de pobreza*. Este es un libro transformador que afectará positivamente a todo aquel que lo lea.

Yo mismo soy ejemplo de ello, pues mediante su lectura, he

aprendido mucho sobre el valiosísimo tema del rompimiento de las estructuras que causan la pobreza.

En este libro, el pastor Granados, no sólo ofrece excelente información acerca de cómo salir de los ciclos de la pobreza, sino que nos empodera con una brillante, profunda y magistral investigación teológica, eclesiológica y social; además, en su última parte, nos bendice con estrategias efectivas y aplicaciones que son del interés de todo aquel que esté concentrado en transformar a su pueblo.

El Dr. Granados escribe y explica el tema de una manera muy fácil de comprender, presenta el corazón y el deseo de Dios hacia los pobres, y utiliza pasajes bíblicos que nos demuestran su plan original hacia ellos.

El autor también nos demuestra la manera en que las iglesias son transcendentales y escogidas por el Todopoderoso para cumplir su llamado y así funcionen como organismos vivos que ayuden a romper los ciclos de pobreza en la comunidad. El Dr. Granados no es sólo un teórico del tema, sino sus conclusiones nacen de la experiencia; yo mismo soy testigo de cómo él y su esposa dirigen a su iglesia para empoderar a muchas personas y familias.

Personalmente me siento entrañablemente agradecido con el pastor Granados por este profundo trabajo de investigación. E igual que yo, estoy seguro que todo lector aprenderá y será desafiado al estudiar la definición, las causas y la injusticia social de la que nace la pobreza, subtemas que —entre otros— ofrece este libro. No obstante, a este gran tema no le podría faltar numerosas, fructíferas y efectivas estrategias, aplicaciones e instrucciones que el pastor Granados nos comparte (producto de sus muchos años de experiencia como pastor y líder). Y no sólo de él, sino del corazón de Dios mismo, quien anhela tanto la transformación y bendición de los pobres.

Concluyo entonces —y de esto estoy seguro— que este provechoso libro capacitará a miles de lectores y líderes quienes desean transformar con el evangelio a todas las personas que se encuentran a su alrededor.

— Dr. Sergio Navarrete
Superintendente del Distrito Sur Pacífico
de las Asambleas de Dios & Vice-Presidente
de la Fraternidad Hispana Mundial de
Asambleas de Dios.

INTRODUCCIÓN

A LO LARGO DE LA HISTORIA han existido graves crisis económicas que han forzado a cambios sustanciales en todo el mundo. La crisis de 1929; el desplome de los mercados de valores de 1987, la crisis petrolera de 1973, y la más reciente, la Gran Recesión de 2008.

Esta última se caracterizó por una grave crisis crediticia e hipotecaria. Medio centenar de bancos quebraron, y de ahí, una serie de problemas económicos en todos los demás sectores productivos. En esos momentos reina la incertidumbre: las familias pierden sus casas, sus empleos; y son presa de la desesperación; de temores; de ansiedades... algunos toman decisiones drásticas: se divorcian, asesinan a otros y se suicidan. El aspecto económico cobra gran relevancia. Mientras tanto, la iglesia ora y ruega al Señor que mueva su mano de misericordia y cumpla sus promesas de provisión.

En las crisis económicas sabemos bien la raíz de la carestía, de la austeridad entre las gentes. Sin embargo, una pregunta más aguda sería: ¿cuál es la causa de la pobreza en tiempos de bonanza, cuando las tendencias de los mercados son positivas, cuando existe auge y avance progresista? ¿Por qué existen pobres en medio de sociedades prósperas, lugares en donde parece imperar el orden y la equidad?

Luego, ¿cómo se puede abatir la pobreza?, y ¿cómo la iglesia puede implementar prácticas misionales dentro de un contexto geográfico, social y cultural específico que ayuden a aminorar este mal social humano? De esto trata este libro, y su fin, es entender y dar respuesta a estas últimas preguntas centrales, pasando por los temas inherentes más importantes.

A continuación, haré una breve descripción de todos los temas que trataré en este libro.

Capítulo I: La concientización: el reconocimiento de la realidad

Mientras los discípulos exhortaban al Señor a que dejara ir a la multitud para que comprara alimentos, el Señor les dice: «Dadles vosotros de comer»; una frase que incentiva a la iglesia a satisfacer la necesidad de los pobres. La iglesia es desafiada por el Señor para darse cuenta de la necesidad que existe a su alrededor, y de los recursos que tiene a su disposición para satisfacerla. Y esto no sólo en relación con las necesidades espirituales sino incluso las físicas.

En este capítulo estaré explicando el término «misional» y cuál es la responsabilidad de la iglesia respecto a ello. Estaré centrándome en la problemática hispana en general en los Estados Unidos (aunque muchos de estos conceptos pueden ser afines a otras comunidades en el mundo).

La concientización involucra tener un conocimiento específico de la comunidad, por lo que estaré proporcionando herramientas útiles que nos ayuden al respecto.

Capítulo II: Seres con necesidades: la naturaleza de las necesidades humanas

En este capítulo estaré haciendo un análisis más o menos concienzudo respecto a las verdaderas necesidades humanas. En primer lugar, hablaré de la teoría de las necesidades humanas que se ha popularizado en el mundo, su veracidad y falsía. Cuáles son las necesidades humanas más importantes y qué nos dice la Biblia respecto a ello.

Demostraré porqué la necesidad espiritual es la más importante y por qué es indispensable satisfacerla primero, antes que cualquier otra necesidad humana. Exploraré brevemente respecto a las necesidades de otros, qué dicen las Escrituras al respecto. Hablaré también de las necesidades psicológicas y de la teoría más importante que existe actualmente en cuanto a ello. Haré un contraste de esta teoría con lo que dice Dios en su Palabra.

Finalmente, en este capítulo estaré hablando de las necesidades físicas y qué es lo que las Escrituras dicen respecto a ellas; es decir, la provisión que Dios ha dado a sus hijos para satisfacerlas.

Capítulo III: Identificación de la iglesia con las necesidades de la comunidad

Muchas de las iglesias del mundo de hoy no son lo suficientemente flexibles para facilitar el ingreso de nuevas personas que están siendo movidas por Dios para formar parte de la comunidad cristiana. Demostraré como este modo de operar de la iglesia no funciona en lo absoluto.

Luego, ¿de qué manera la iglesia puede ser flexible y salir de las cuatro paredes del templo para hacer la obra de Dios? Estaré exponiendo la estrategia celular conceptualmente y lo que en mi iglesia hemos estado practicando con éxito.

Asimismo, comentaré lo que significa ser una iglesia basada en ministerios, y algunas ideas fundamentales para su funcionamiento. También cómo estos grupos son útiles para promover la oración en la iglesia.

También estaré compartiendo algunas estrategias evangelísticas que puedan funcionar bien para la evangelización de la comunidad. Y cómo es esencial que la iglesia se desenvuelva dentro de ella para hacer la obra de Dios. Todo parte de una pregunta fundamental: ¿Cómo se puede hacer más atractiva la iglesia a la comunidad y qué cambios se pueden hacer para cumplir con la visión y misión de ella?

En este capítulo también estaré abordando el tema de los cambios estructurales sensibles que deberán llevarse a cabo para lograr el cambio de iglesia tradicional a iglesia misional.

Capítulo IV: Definición de pobreza

Estaré definiendo la pobreza desde diferentes ángulos. La pobreza relativa y absoluta. El papel que juega la globalización en el abatimiento de la miseria en el mundo.

Una de las definiciones esenciales de este capítulo es la definición de marginación: ¿qué es exactamente lo que este término significa? En algunas décadas atrás se habló de que el pobre tenía «una mentalidad de pobreza» ¿es correcto este concepto?

Otro de los conceptos que estaré analizado es el de «la cultura de pobreza». Y las ideas que actualmente sobresalen para entender más claramente el término de pobreza.

Capítulo V: Causas de la pobreza

En forma general es asumido que las causas de la pobreza son simplemente un derivado de la pereza física y mental y de la negligencia en general. ¿Es este concepto correcto al ver el tema de la pobreza desde diferentes perspectivas? En este capítulo contesto esta pregunta.

¿Cuáles son en verdad las principales causas de la pobreza entre los individuos de una comunidad? Y ¿cuál es el papel de la iglesia ante esto?

Abordaré en detalle algunas de las causas mencionadas. Por ejemplo, ¿de qué se trata más exactamente el hacinamiento? ¿Cuáles son las secuelas del desempleo en la población?

Son también causas directas de la pobreza el abuso de las drogas y el alcoholismo, explicaré más a detalle la dinámica de estos males sociales.

Otras de las causas que menciono es la falta de comida (o de una alimentación correcta), ¿de qué manera la desnutrición está íntimamente relacionada con la pobreza?

Finalmente, abordo el tema de la desintegración familiar como otra de las causas principales de la pobreza.

Capítulo VI: La injusticia social: el trato de los ricos con los pobres

En este capítulo explico cómo es que la sociedad y las decisiones gubernamentales afectan el desarrollo y propician que los pobres continúen en su pobreza.

Así, contesto preguntas relacionadas con la injusticia social y qué papel juega la infraestructura de las ciudades y los programas del gobierno en relación con la pobreza de una familia o de un individuo. ¿Cuál debería ser la política gubernamental de los países ricos para el abatimiento real de la pobreza?

¿En qué consiste más exactamente la desigualdad en el mundo? Y ¿cuándo la desigualdad es una condición de injusticia? Presento ejemplos de ello.

Luego, abordo la problemática social prevaleciente en los indocumentados. ¿Cuál es el círculo vicioso de la pobreza en que se encuentran aquellas personas que han emigrado ilegalmente a los Estados Unidos?

Capítulo VII: El plan redentor de Dios

En este capítulo se habla del punto de vista de Dios respecto a la miseria humana. Dios no creó un hombre miserable, sino lo colocó en un ambiente próspero: el huerto de Edén. ¿En qué consistía exactamente esta prosperidad? De ahí se deslinda el tema de la raíz más profunda de la miseria en el hombre.

Hablaré del plan que Dios diseñó para sacar al hombre de su estado miserable y reivindicarlo. ¿Cómo es que Dios interviene para rescatar al hombre de su deshumanización?

Siendo que el Padre envió al Hijo y que el Padre y el Hijo enviaron al Espíritu Santo, ¿qué papel juegan las misiones en todo el proceso de redención? ¿De qué manera la iglesia se convierte en el agente de Dios para redención de la humanidad? Describo las distintas etapas de este plan y como la iglesia se convierte en colaboradora de Dios en su puesta en operación. ¿Se interesa Dios tan sólo en el alma del individuo o también en los demás aspectos comprendidos en su humanidad?

Capítulo VIII: La agenda del Señor Jesucristo

En este capítulo estaré explicando como la agenda de pobreza del Señor Jesucristo era importante para librar a la humanidad de la miseria en todos los aspectos, incluyendo la miseria material.

Observaré el inicio del ministerio de Jesús y de su especial atención a los pobres y marginados de la sociedad. Y luego, ¿cuál fue la respuesta de los pobres a los que el Señor ministró? Haré un análisis de la agenda divina en la persona de Cristo Jesús.

Asimismo, logro enfatizar algunos detalles importantes en relación con la sociedad en la que el Señor se entremezcló y proveo algunos ejemplos mencionados en las Escrituras.

En este capítulo incluyo también las enseñanzas del Señor Jesucristo en relación con los pobres de la tierra y el trato que sus seguidores deben brindarles. Hago un análisis de algunas de las parábolas de Jesús que tratan abiertamente de este tema.

Finalmente, ¿cuál es la misión de la iglesia con el pobre al observar el ejemplo del Señor Jesús? Concluyo este capítulo enfatizando la relación entre justicia, amor y misericordia de acuerdo a un número importante de pasajes bíblicos centrales.

Capítulo IX: La Torá y el tema de la pobreza

Aquí continúo examinando la palabra de Dios para descubrir lo que Él piensa respecto a los pobres y desamparados de la tierra, y especialmente, de aquellos que están entre su pueblo. Para ello hago un recorrido por los primeros cinco libros de la Biblia: el pentateuco.

Existen pasajes muy importantes contenidos en La ley que examino en este capítulo. ¿Cuáles eran las leyes que los israelitas estaban obligados a obedecer en relación a los pobres y desamparados de entre ellos? ¿Qué dice en relación con la justicia y la equidad?

Existen varios tipos de pobreza que las Escrituras mencionan y una de ellas la enfatiza más que las otras, ¿cuáles son ellas? En este capítulo lo descifro mediante una exégesis bíblica.

Asimismo, lo que dice el pentateuco respecto a las viudas, los huérfanos, los débiles y los extranjeros de la tierra. Hablo también de las leyes del estado de indigencia; de los salarios justos; de dar descanso al trabajador; de la usura; y, por último, de la recuperación de la dignidad en el año sabático y en el jubileo.

Capítulo X: Dios como defensor de los pobres

Continúo explicando pasajes bíblicos que denotan el corazón de Dios ante la opresión de los pobres, particularmente aquellos en donde Él mismo se presenta como el defensor de ellos.

Hago algunas observaciones respecto al papel de Dios en liberación de su pueblo de la mano egipcia. Luego, examino algunos pasajes que hablan sobre las medidas y provisiones de Dios para crear de su pueblo una sociedad justa y magnánima.

Explico también respecto a lo que Dios estableció —lo hoy se conociera— como un «seguro social» en favor de aquellos que no tuviesen una red familiar en donde apoyarse.

De igual manera hago una exégesis de pasajes paralelos en el libro de los salmos, los proverbios y en los profetas. ¿Cuál es el sentir de Dios en todos estos pasajes? ¿Cuáles son las promesas involucradas? También menciono las características plasmadas en la Biblia del reinado mesiánico. De entre estos análisis hago particular mención de lo que dicen los profetas Amós, Isaías, Jeremías y Miqueas.

Capítulo XI: Dios está en contra de la imparcialidad y el favoritismo

En este capítulo y en los siguientes dos, comento respecto al libro de Santiago, quien habla a la Iglesia. Ahí respondo preguntas tales como: ¿qué dice el libro de Santiago respecto al trato del pobre? ¿Qué es lo que aconseja al rico? ¿De qué manera Santiago aborda el tema de la injusticia?

Santiago presenta una descripción particular del pobre en sus escritos y de ellos comento en este capítulo: «el hermano de humilde condición». De igual manera, señalo lo que quiere decir Santiago al decir al rico: «[gloríese] en su humillación». Me apoyo de otros pasajes del Nuevo Testamento para explicar qué significan estas frases y respecto a la acepción de Dios tanto de pobres como de ricos; de ambos Él manda algo que cumplir.

En esta parte, Santiago menciona lo que significa ser un verdadero religioso, ¿a qué se refiere con ello? Luego, explico lo que Santiago dice respecto al favoritismo, la discriminación dentro de la iglesia.

Finalizo este capítulo con la explicación de la denuncia de Santiago de aquellos ricos que blasfeman «el buen nombre».

Capítulo XII: Demostración de una fe viva

Inspirado por el Espíritu Santo, Santiago continúa su discurso, ahora hablando de la fe. ¿Qué relación tiene la fe con el tema de las clases sociales? Aquí también me apoyo en otras figuras expuestas en el Nuevo Testamento, p. ej., la parábola del buen samaritano. Si nosotros somos salvos por la fe, ¿de qué es de lo que está hablando el Apóstol? Las respuestas a estas preguntas tienen mucho sentido en relación a lo que Santiago viene diciendo y de ello amplío en este capítulo.

Santiago ejemplifica el concepto abstracto y produce una situación real; así, explico lo que Santiago quiere decir cuando menciona aquello de decirle a un hermano necesitado: «Id en paz...» (Santiago 2:16). ¿Por qué las obras son evidencia de una fe genuina?

Capítulo XIII: El juicio de Dios en contra de los opresores

Continuando con la explicación de los escritos del apóstol Santiago, en este capítulo hablo del trato de Dios contra aquellos que se han enriquecido a costa del maltrato y la opresión del pobre.

Menciono en este capítulo las tentaciones a las que usualmente el rico está expuesto, y el veredicto de Dios cuando éste cae en ellas. También las declaraciones del Señor respecto a aquellos ricos que no obedecen al evangelio y el fin de las riquezas que tanto han amado y con tanto esmero han atesorado. ¿Qué significa eso de «¡Vamos ahora, ricos! Llorad y aullad por las miserias que os vendrán?» (Santiago 5:1).

Hablo también en este capítulo de la futilidad de acumular riquezas para los días postreros, tal y como se denota en la palabra de Dios, en contraste con las ofrendas que damos a otros en el Señor.

Finalmente, en este capítulo expongo el pasaje de Santiago 5:4-6. Para realizar esta explicación me apoyo en otros pasajes bíblicos y ejemplifico con la historia de Rut; explico también el resultado inútil de las injusticias acometidas por los ricos opresores, las cuales terminan en el homicidio mismo.

Capítulo XIV: Estrategias y capacitación para el proyecto misional

En este capítulo estaré hablando principalmente sobre la preparación que la iglesia debe de tener para emprender el proyecto misional. ¿Puede la iglesia conciliar el estar separada del mundo y a la vez ser luz en medio del mundo? Explicaré como, en primer lugar, la lectura es clave para preparar el terreno para crear el cambio a iglesia misional, daré algunos ejemplos de lecturas recomendadas, también algunos instrumentos de educación.

Hablaré sobre las dinámicas que envuelve la transformación y cambio de mentalidad entre los miembros de una iglesia tradicional. Por ejemplo: ¿qué cambios pequeños inmediatos habrá que hacer? ¿De qué manera podremos saber qué es lo que piensa la gente respecto al cambio misional? Explicaré cómo diseñar adecuadamente una encuesta y cuáles son los temas que es necesario abordar. ¿Es necesario conocer las motivaciones de la gente? ¿Cómo?

En este capítulo hablaré también de los grupos de escucha y de la creación de un equipo especial cuya función es dirigir todo el proceso de transformación. ¿Cuáles serán las principales actividades que este grupo deba emprender? También, ¿cuál es más exactamente el papel del pastor de la iglesia como líder principal de este grupo?

Otro de los aspectos importantes es el trabajo de los voluntarios y cómo estos son motivados a realizar la labor en pro de las almas perdidas.

En este capítulo también estaré hablando de los problemas que suelen presentarse en el camino y cuales son algunas soluciones propuestas.

Capítulo XV: Aplicaciones del proyecto misional a la ruptura de los ciclos de pobreza

En este capítulo explico todos los aspectos prácticos que no han sido analizados en capítulos previos, a fin de poner en marcha el proyecto misional con las familias invitadas (fuera de la iglesia) que deseen participar.

Así, se expondrá el tratamiento preliminar que deba tenerse en los primeros contactos con tales personas. Luego, un número de ideas que pueden ser útiles para la acción, incluyendo cursos, seminarios o conferencias y/o ponencias. Asimismo, se incluyen otras ideas como ejemplos en relación a la ayuda que la iglesia puede brindar a las familias de su comunidad para romper el ciclo de pobreza.

Hablo también del poder de Dios y la ayuda espiritual que la iglesia brinda a tales familias como la solución segura a su problemática actual.

En las últimas subdivisiones de este capítulo hablo del importante papel que tienen los diálogos en todo el proceso y de cómo superar algunos inconvenientes que puedan presentarse.

Capítulo XVI: Evaluación de los resultados

En este último capítulo hablo primeramente de la importancia que tiene la evaluación de los resultados en el proceso de transformación misional.

Estos resultados tienen que ver, no sólo en relación con los beneficiaros de los programas que se echaron a andar, sino también con todos los voluntarios y participantes, en este capítulo detallo sobre esto; e inclusive, en relación con sectores fuera de estos ámbitos.

La evaluación tiene que ver con muchos aspectos que en este capítulo se mencionan; además, cuáles son las maneras más convenientes de hacer tal evaluación.

LA CONCIENTIZACIÓN: EL RECONOCIMIENTO DE LA REALIDAD

UNA MULTITUD SEDIENTA Y HAMBRIENTA por la palabra de Dios seguía a Jesús. Eran miles de personas y se agrupaban en familias enteras: hombres, mujeres y niños. Ellos, en su entusiasmo, habían dejado todo por seguir al Señor y recibir el alimento espiritual, gozaban en gran manera escuchar las palabras del divino Maestro. Sin embargo, debido a la humanidad del Señor y en consideración a su equipo de trabajo, por un momento, nuestro amado Cristo quiso que los discípulos descansaran. Ordenó bogar mar adentro y navegar hasta la otra orilla, el desierto, ahí tendrían un tiempo de quietud. Quería retirarse un poco para recobrar las fuerzas. No obstante, cuando hubieron llegado al otro lado —y para su gran sorpresa—, algunos de entre la gente se habían enterado del plan, habían comunicado al resto, y ya estaban esperando a Jesús y a sus discípulos para cuando ellos hubieron llegado. Tal sorpresa no enfadó al Señor, sino lo llenó de compasión, «eran como ovejas que no tenían pastor» (Marcos 6:34). Entonces reanudó su enseñanza enseñándoles muchas cosas. Pero la hora avanzó y la multitud debía regresar. Los discípulos, preocupados exclaman: «Despídelos para que vayan a los campos y aldeas de alrededor, y compren pan, pues no tienen qué comer» (v.36). Entonces Jesús dice estas palabras llenas de enigma para ellos: «Dadles vosotros de comer» (v. 37).

Todo parte de una visión

Los discípulos querían que Jesús reconociera una realidad: que la gente debería estar hambrienta porque ya habían pasado muchas horas y ellos no habían probado alimentos, pero Jesús les concientiza de algo mucho mayor, que deberían ser ellos quienes les dieran ese alimento. Así, para vencer los ciclos de pobreza —ya sea dentro de la iglesia o fuera de ella— lo primero que se tiene que hacer es reconocer, no tanto que existe la necesidad, sino que la iglesia misma tiene de Dios la solución. Que existe solución, y que esta solución no está únicamente en lo que el mundo ofrece, sino en Jesús, en el poder de Dios.

Las palabras de Jesús son un desafío para la iglesia hoy, los que la rodean tienen necesidades que ésta puede satisfacer. Sin embargo, en ocasiones es como los discípulos: se deja llevar por la impotencia humana, cuando Jesús le pide que se involucre, que Él tiene los recursos necesarios para realizar la tarea por medio de ella.

Existen muchas razones teológicas que demuestran que la Iglesia está llamada a cumplir el propósito de Dios en cuanto a su reconciliación con la humanidad (Romanos 5:10-11). Para ello, cada iglesia necesita conocer a fondo el contexto en que se encuentra e identificar las necesidades específicas de la comunidad. Esto le servirá como un puente, un medio de conexión con los perdidos. Pues de otra manera, ésta no podrá causar un impacto positivo en el lugar en donde Dios le ha puesto.

Se requiere que cada uno, como cristiano, desarrolle una nueva visión. Romper paradigmas: no sólo ministrar a las necesidades espirituales, sino también a otras necesidades. Es decir, una visión integral: las necesidades físicas, mentales y espirituales. Peter Senge, el director del centro para el Aprendizaje Organizacional del Instituto Tecnológico de Massachusetts afirma: «Cuando la gente comparte una visión está conectada, vinculada por una aspiración común» (Senge 1998, p. 261). En otras palabras, es sumamente importante tener una visión compartida, todo nace de esto. Respecto a esto Senge también dice: «La visión compartida es vital para la organización inteligente porque brinda concentración y energías para el aprendizaje» (Senge 1998, p. 261). La visión debe ser ejecutada en equipo. Se trata entonces de escuchar las historias, las experiencias, los temores y las necesidades de la comunidad a fin de afinar la visión y tener conciencia, no sólo de la necesidad, sino de la responsabilidad y de la capacidad que la iglesia tiene para resolver tales necesidades.

La iglesia existe por causa de una misión

Está claro para todos que la iglesia tiene una misión que cumplir. «Dadles vosotros de comer» va más allá de la frase de una utopía irrealizable, se trata de la orden de un Dios que dará los recursos para cumplirla. Es brindar la comida espiritual, «Id por todo el mundo y predicad el evangelio...» (Marcos 16:15). Sin embargo, ¿no es también una misión integral? Creo que también, parte de la misión es ayudar a la sociedad a romper los ciclos de pobreza en que se encuentra. René Padilla lo expresa de esta manera: «La iglesia local está llamada a manifestar el reino de Dios en medio de los reinos del mundo no sólo por lo que dice, sino también por lo que es y por todo lo que hace en respuesta a las necesidades humanas que la rodean» (Padilla, 2006, p. 17). Por tanto, la misión es multidimensional: tanto a nivel personal como en la comunidad.

Otra definición interesante de misión es la que brinda Eddie Gibbs: «Misión es el resultado de la iniciativa de Dios, arraigada en sus propósitos, para restaurar y sanear la creación» (Gibbs, 2005, p. 57). Misión, por tanto, no es una palabra que se aplica únicamente a los campos misioneros extranjeros. Actualmente es muy común que las congregaciones apoyen y envíen misioneros a localidades fuera de sus fronteras, mientras que tienen poco o ningún impacto en sus contextos locales inmediatos. Ante esta realidad, en la década de los noventa, se empezó a difundir un nuevo término: «la iglesia misional» (Van Gelder, Craig (Ed.), 2007, pp. 17-43). Este término fue tomado por los misionólogos[1] en su afán por enfatizar la naturaleza misionera de la iglesia con prioridad en el entorno inmediato en que ministra.

Los estudiosos sobre este tema dicen que una iglesia misional es aquella que permite que Dios penetre en todo lo que hace, y al mismo tiempo sirve de puente para alcanzar a otros. Ahora bien, todo lo que la iglesia enseña o hace debe de tener una base bíblica, es decir, la iglesia responde a los problemas de la comunidad teniendo como fundamento el modelo y las órdenes de Dios.

Toda comunidad encierra problemas complejos a los que cada iglesia local deberá responder. Así, la iglesia se convierte en un agente efectivo

---

1. La palabra «misionólogo» se refiere a una persona que estudia lo relativo a las misiones. Esta palabra no está aún aprobada por la RAE, y es una calco del inglés, *missionologist*.

de cambio dentro de su propia comunidad. Craig Van Gelder dice: «Las congregaciones misionales entienden que son las Escrituras quienes establecen las normas para la práctica ministerial, y también entienden que el ministerio debe ejercerse en el contexto en que ellos sirven» (Van Gelder, Craig (Ed.), 2007, p. 41). Es decir, las normas generales de la misión deben traducirse a las necesidades específicas de la comunidad.

La comunidad, la primera misión de la iglesia

Ahora bien, las necesidades de la comunidad en donde la iglesia ministra pueden ser muchas. Sin embargo, el tema en que estaré enfocándome, es el tema específico de la pobreza, y creo firmemente que este problema es recurrente en la inmensa mayoría de las comunidades en general. Este es por supuesto, un tema complejo que envuelve desafíos muy importantes.

La iglesia es el reflejo de la realidad externa de la comunidad. Es decir, la pobreza debe combatirse desde adentro hacia afuera. Debe de empezar por el liderazgo mismo, por ello, el primer paso es hacer conciencia de este problema en el liderazgo de la iglesia local (Roxburgh, A., & Romanuk, F., 2006: 15-17). Para ello, una buena idea, propuesta por Roxburgh y Romanuk es evaluar los sistemas usados en la iglesia, el enfoque que actualmente se tiene y la personalidad de cada miembro; y describir el contexto en que la iglesia se encuentra (Roxburgh, A., Romanuk, F. 2006: 15-17). Puesto que la comunidad es el campo misionero inmediato de la iglesia, es necesario conocerla. La iglesia por tanto necesita desechar la timidez y la posición defensiva —en donde su refugio es el edificio mismo— y salir a escuchar a la comunidad. Necesita conocer la naturaleza de los problemas que existen en ella y así enfrentarlos mediante los procesos que adopte; necesita escuchar lo que está sucediendo entre la gente y aprender a hacer preguntas pertinentes.

¿Cuáles son las causas de la pobreza dentro de la comunidad en la que la iglesia se encuentra? Muchas de las veces la respuesta parece ser sencilla: falta de capacitación formal, es decir, no existe suficiente grado de educación en la comunidad. Muchas de las comunidades hispanas en los Estados Unidos consisten en grupos de personas con poca escolaridad. Esto significa que tienen que conformarse con empleos de poca remuneración o enfrentarse continuamente con el desempleo. Así, los ciclos de pobreza tienden a perpetuarse. Sin embargo, los problemas podrían ser más profundos.

La concientización involucra un análisis a fondo

Existen actualmente herramientas tecnológicas útiles para conocer información estadística que ayude a la creación de una «radiografía» del lugar en donde la iglesia local actualmente trabaja. Las páginas de internet de la ciudad y otras páginas como city-data.com pueden ayudar en esta tarea. El equipo de misiones domésticas de la denominación o el departamento de plantación de iglesias quizá pueda ayudar también. Estos son sólo algunos ejemplos de cómo reunir la información. También es necesario conocer la historia del lugar, de esto Juan Martínez y Mark Law Branson afirman: «Cualquier iglesia que quiera aprender y ser formada por la agenda divina de la reconciliación tendrá que estudiar su contexto histórico» (Martínez, J., & Branson, M. L., 2013, p.60).

En la Biblia se registra el ejemplo de Nehemías. Nehemías se dio cuenta de lo que estaba sucediendo en Jerusalén. Él escuchó que uno de sus hermanos dijo: «El remanente, los que quedaron de la cautividad, allí en la provincia, están en gran mal y afrenta, y el muro de Jerusalén derribado, y sus puertas quemadas a fuego» (Nehemías 1:3). Si Nehemías no se hubiera enterado de esto jamás se hubiera involucrado en el proyecto que emprendió. Dios puso en su corazón abatir el mal y terminar con la miseria en Jerusalén y él sabía que esto debería empezar con la reconstrucción de los muros.

CONOCER LA REALIDAD SERÁ UN FACTOR CLAVE PARA INICIAR EL PROCESO DE SOLUCIÓN

Después de que Nehemías oró pidió permiso al rey para ir a Jerusalén. Dios puso en él un deseo intenso, pero no podría hacer nada sin antes ver primero la naturaleza y magnitud del problema. Así, las Escrituras dicen: «Llegué, pues, a Jerusalén, y después de estar allí tres días, me levanté de noche, yo y unos pocos varones conmigo, y no declaré a hombre alguno lo que Dios había puesto en mi corazón que hiciese en Jerusalén; ni había cabalgadura conmigo, excepto la única en que yo cabalgaba. Y salí de noche por la puerta del Valle hacia la fuente del Dragón y a la puerta del Muladar; y observé los muros de Jerusalén que estaban derribados, y sus puertas consumidas por el fuego. Pasé luego a la puerta de la Fuente, y al estanque del Rey; pero no había lugar por donde pasase la cabalgadura en que iba...» (Nehemías 2:11-14).

La comunidad, la iglesia, sus familias y cada uno de los miembros de la congregación pueden estar enfrentando problemas graves de miseria y pobreza, por tanto, conocer la realidad será un factor clave para iniciar el proceso de solución.

En el siguiente capítulo estaré hablando un poco sobre la naturaleza de las necesidades humanas.

SERES CON NECESIDADES: LA NATURALEZA DE LAS NECESIDADES HUMANAS

EL SER HUMANO FUE CREADO POR DIOS con capacidades, pero también con necesidades intrínsecas. Las necesidades que un ser humano tiene están basadas en su naturaleza, la naturaleza humana. De ahí que cualquier cosa que trate de satisfacer esas necesidades necesita estar primeramente anclado en la base de la naturaleza humana.

El ser humano es un ser tripartito dotado de un espíritu, un alma y un cuerpo físico (1 Tesalonicenses 5:23). Cada una de estas partes tiene sus necesidades propias y lo que satisface a una de ellas no podrá satisfacer lo que corresponde a otra. Así, por ejemplo, el alimento físico no puede satisfacer las necesidades psicológicas.

Cada persona tiene sus particularidades, sin embargo, hay necesidades que son propias de la naturaleza humana en general. Por tanto, es necesario entender estas necesidades para luego poder satisfacerlas. Un ser humano satisfecho es un ser humano que goza de una vida abundante y Cristo vino para traer esa clase de vida (Juan 10:10); por tanto, Él satisfará cada una de las necesidades humanas. En este capítulo estaré hablando sobre el tema de la naturaleza de las necesidades humanas.

La teoría de las necesidades humanas

Abraham Maslow fue un psicólogo humanista americano, que en 1943, propuso una teoría que consiste en la gráfica de una pirámide. A esta pirámide se le ha llamado «la pirámide de Maslow». Él propuso que el ser humano tenía necesidades más importantes que otras, las cuales necesitan ser satisfechas primero para luego escalar en la pirámide. Él dijo que en primer lugar el ser humano tiene necesidades fisiológicas (respiración, alimentación, descanso, sexo, homeostasis, etc.); luego necesidades de seguridad (seguridad física, de empleo, de recursos, moral, familiar, de protección privada, etc.); luego necesidades de afiliación o de pertenencia (amistad, afecto, etc.); luego necesidades de estima (ser valorado por otros: reconocimiento, confianza, respeto, éxito); y por último las necesidades de autorrealización (moralidad, adquisición de pareja, crianza de los hijos, uso y desarrollo de habilidades y talentos, la persecución de objetivos, etc.).

Esta teoría se enseña en prácticamente todas las instituciones de educación del mundo a pesar de todas las críticas y objeciones que otros psicólogos y sociólogos le han hecho desde que fue dada a conocer. Algunas de las críticas más comunes respecto a esta teoría son: 1) la puesta en práctica de esta teoría es sumamente complicada; 2) no existe ninguna prueba de que cada persona tenga la capacidad de convertirse en un ser «autorrealizado»; 3) Wabha y Bridwell, (Wahba, M. A., & Bridwell, L. G., 1976, pp. 212-240) en una extensa prueba de la teoría de Maslow encontraron escasa evidencia de que el orden propuesto por Maslow fuese así o que realmente existiera jerarquía alguna; 4) la muestra que tomó Maslow para hacer sus experimentos no es científica, pues sólo tomó el 1% de la población estudiantil más saludable (Mittelman, W., 1991, pp. 114-135); 5) muchos investigadores sostienen que las necesidades humanas dependen de las circunstancias (Tang, T. L. & West, W. B., 1997, pp. 47-62.); etc.

Definitivamente el ser humano tiene todas las necesidades mencionadas en la pirámide de Maslow, sin embargo, existen otras necesidades también. Por supuesto, la necesidad más importante del ser humano no se menciona en lo absoluto en los estudios de Maslow: la necesidad espiritual.

La primera necesidad expuesta por Jesús

Aunque las necesidades humanas pueden ser muchas, y el Señor está interesado en satisfacerlas —las que verdaderamente son necesidades y no caprichos— de entre ellas existe una que sobrepasa a cualquier otra:

la necesidad que el ser humano tiene de Dios, la necesidad espiritual. Jesús dice que la primera necesidad del hombre no es la física (como se enseña en casi todas las escuelas del mundo) sino la necesidad espiritual (Mateo 4:4). La necesidad espiritual en el ser humano es la necesidad número uno.

Cuando Pablo dice: «Sé vivir humildemente, y sé tener abundancia; en todo y por todo estoy enseñado, así para estar saciado como para tener hambre, así para tener abundancia como para padecer necesidad. Todo lo puedo en Cristo que me fortalece» (Filipenses 4:12-13), claramente dice que él no necesitaba que sus necesidades físicas estuvieran cubiertas primero para así poder ministrar. Para Pablo —y para todos los cristianos— la comunión con el Señor siempre será la prioridad, y tal comunión únicamente es posible mediante la obediencia.

En algunas iglesias se dice: «La gente no puede escuchar el evangelio si tiene hambre», sin embargo, esta frase está basada en la teoría de Maslow y esta teoría ni es bíblica ni es científica. El Señor enseña en su Palabra de qué manera jerarquizar las necesidades, y que el orden de la vida es establecido por el Creador de ella.

La necesidad espiritual

En el primer lugar de la lista siempre estará la necesidad espiritual, antes que cualquier otra de las necesidades humanas. Cristo dijo: «Trabajad, no por la comida que perece, sino la comida que a vida eterna permanece, la cual el Hijo del Hombre os dará; porque a éste señaló Dios el Padre» (Juan 6:27). Ciertamente la necesidad humana es variada y la necesidad de la comida física es, desde luego, una necesidad básica. Sin embargo, la necesidad de la comida espiritual siempre ocupará el primer lugar, pues es la necesidad de Dios.

Así, la meta cuando se ayuda a las personas en sus necesidades físicas es, en primer lugar, a que tengan un encuentro personal con Jesucristo y que se conviertan en fieles seguidores de Él. La ayuda física que se puede brindar a los semejantes no es la meta en sí, sino más bien, se busca que éstos conozcan del Señor y se salven de la condenación eterna.

El Señor enseña también que se satisfaga las necesidades de otros antes que las propias. La Biblia dice: «Ninguno busque su propio bien, sino el del otro» (1 Corintios 10:24). También, respecto al ministerio del Señor y de sus discípulos, la Palabra dice: «Porque eran muchos los que iban y venían, de manera que ni aun tenían tiempo para comer»

(Marcos 6:31). Y Cristo, refiriéndose a las necesidades físicas dice: «Mas buscad primeramente el reino de Dios y su justicia, y todas estas cosas os serán añadidas» (Mateo 6:33).

Evidentemente Dios no quiere que ninguno viva en la miseria, pero Él desea estar en primer lugar en la vida de cada ser humano, y luego, Él satisfará el resto de sus necesidades.

La necesidad psicológica

Existen varias investigaciones interesantes en relación a las necesidades psicológicas del ser humano. Posiblemente una que ha venido cobrando mayor aceptación es la teoría de la autodeterminación. Esta teoría fue desarrollada por Edward L. Deci y Richard Ryan (Deci, E. L., & Ryan, R. M., 2013)., y dice que existen tres necesidades innatas en los seres humanos, las cuales son necesarias para su funcionamiento y su desarrollo en todas las culturas y épocas, estas necesidades son: la necesidad de competencia, la necesidad de relación y la necesidad de autonomía.

La necesidad humana de competencia tiene que ver con la necesidad del individuo de dominar su propio entorno; la de relación dice que el ser humano necesita sentirse relacionado con otros de una manera u otra, que los seres humanos tienden al desarrollo ejerciendo funciones integradas a personas con otras funciones; y la de autonomía se refiere que la gente necesita tener control de su propio comportamiento y metas.

El sentido de libertad es una de las necesidades psicológicas más importantes del ser humano, es decir, que éste tenga dominio y autoridad en su entorno; dominio de sus metas, comportamiento y funciones; y que entienda que está integrado en la sociedad, de esto se trata —en resumen— la teoría de la autodeterminación. Jesús dice: «Si el Hijo os libertare, seréis verdaderamente libres» (Juan 8:36). Dios no controla al individuo, sino que le da libertad para tomar sus propias decisiones y le da un ámbito de acción. Pone en él metas, objetivos, propósito; y coloca en su camino personas que le apoyen y aprecien. El Señor dignifica al ser humano y le da sentido de dirección e integración.

> NO ES LA VOLUNTAD DE DIOS QUE EL SER HUMANO VIVA EN LA MISERIA

Dios está consciente de las necesidades psicológicas de cada uno y en su Palabra existen muchos ejemplos del interés que Él tiene en satisfacerlas. Isaías 61:3 habla mucho del interés del Señor en satisfacer las necesidades psicológicas, ahí dice: «a ordenar que a los afligidos de Sion se les dé gloria en lugar de ceniza, óleo de gozo en lugar de luto, manto de alegría en lugar del espíritu angustiado; y serán llamados árboles de justicia, plantío de Jehová, para gloria suya» (Isaías 61:3). El Señor libera al hombre del temor (Salmos 34:4), de toda angustia (Salmos 34:6), de toda ansiedad (1 Pedro 5:7), etc. Y da paz, sosiego y seguridad.

Las necesidades físicas del ser humano

Finalmente, existen las necesidades físicas. Estas necesidades tienen que ver con el cuerpo. El Señor creó el cuerpo físico de todo ser humano y quiere que éste tenga bienestar. Él quiere que cada uno tenga salud física y ha provisto sanidad para todos (Éxodo 15:26, Isaías 53:5, 1 Pedro 2:24, etc.). Asimismo, es Él quien provee el alimento. La Palabra dice: «Que hace justicia a los agraviados, Que da pan a los hambrientos» (Salmos 146:7). Él quiere que todos tengan abrigo y que sean satisfechas todas sus necesidades materiales.

No es la voluntad de Dios que el ser humano viva en la miseria. Las Escrituras dicen: «Él levanta del polvo al pobre, Y al menesteroso alza del muladar. Para hacerlos sentar con los príncipes, Con los príncipes de su pueblo» (Salmos 113:7-8). También en Deuteronomio 28 en su primera parte, el Señor da una lista de promesas provista para los que le sirven. Esto es algo que está disponible para toda la humanidad y es otorgado por Dios mediante Cristo.

Repito, el Señor no quiere que ninguno viva en la miseria. En el libro de Lamentaciones —hablando el Señor sobre el significado de la miseria— dice: «Todo su pueblo buscó su pan suspirando; dieron por la comida todas sus cosas preciosas, para entretener la vida» (Lamentaciones 1:11). No es la voluntad de Dios que sus hijos vivan una vida de supervivencia, Él quiere que ellos tengan lo suficiente —y más allá de lo suficiente— para toda buena obra, pues dice: «Y poderoso es Dios para hacer que abunde en vosotros toda gracia, a fin de que, teniendo siempre en todas las cosas lo suficiente, abundéis para toda buena obra» (2 Corintios 9:8).

A lo largo de este libro estaré hablando de cómo vencer los ciclos de pobreza, pues este es también un aspecto importante de la voluntad de Dios. Desde luego que la necesidad espiritual es la más importante de entre las necesidades humanas y de satisfacer esta necesidad estriba el destino eterno, sin embargo, tampoco se deben de subestimar las bendiciones del Señor otorgadas en esta tierra, y una de estas bendiciones es la victoria sobre la miseria y la pobreza material. Por ello, estaré analizando a la luz de la palabra de Dios el tema de la pobreza.

IDENTIFICACIÓN DE LA IGLESIA CON LAS NECESIDADES DE LA COMUNIDAD

EN ESTE CAPÍTULO ESTARÉ HABLANDO de una iglesia viva, de una iglesia enfocada en satisfacer las necesidades humanas más importantes dentro de una comunidad en constante cambio.

Cada una de las estrategias que la iglesia adopte tiene como fin tocar, tanto a los que están dentro, como a los que están fuera (los que pertenecen a la comunidad en donde la iglesia ministra). Dios no está ajeno a las necesidades humanas, y en las Escrituras puede verse como su ternura y compasión le hace mover su mano poderosa a favor de los necesitados de auxilio, es decir, todo aquel que necesita satisfacer alguna necesidad latente o evidente. Sin embargo, este mover será siempre mediante sus embajadores: los miembros del cuerpo de Cristo.

Así, en este libro explicaré algunas estrategias y ministerios en los que la iglesia puede envolverse. Desde luego, los ejemplos que se mencionan aquí están lejos de agotar el número de los que pudieran existir dentro de una iglesia local.

La flexibilidad de la iglesia

La necesidad más importante está afuera de las cuatro paredes de la iglesia. La iglesia local debe de ir a donde está la gente y comunicarse en términos comprensibles, los que ellos puedan entender. Debe tratar los problemas que moldean sus vidas y hablarles su propio lenguaje (Gibbs, 2005, p.45). Es decir, la iglesia debe de ser flexible en la medida de lo posible para facilitar el ingreso de más personas al reino de Dios.

Hay iglesias que no entienden esto, y en la mayoría de los casos, los que quieren abrazar la fe cristiana tienen que abandonar su cultura y adaptarse a la cultura particular de la iglesia. Este modelo por lo regular contiene muchos errores y defectos, porque no cumple el ministerio de la encarnación de Cristo ni con los objetivos de Dios. Este tipo de iglesia mantiene una estructura de «vengan todos», es decir, que buscan que las personas sean atraídas por los programas y estilo de vida de la iglesia, sin embargo, carece de la flexibilidad suficiente.

La estructura de «vengan todos» supone que todo lo importante tiene su centro en la vida de la iglesia. La iglesia se mantiene ocupada y mantiene el estado actual de las cosas. Mayormente todo se desarrolla dentro de las cuatro paredes del templo. Este sistema lleva el lema implícito de mantener el «control», y es muy poco flexible: está prácticamente diseñado para evitar cambios. Un comentario de Gibbs al respecto responde a este sistema con las siguientes palabras: «Los mensajeros del evangelio son llamados a sumergirse en la cultura del anfitrión, en lugar de esforzarse por sacar de sus propias culturas a los que responden [a este evangelio]» (Gibbs, 2005, p.45).

Estrategias celulares

No obstante, muchas congregaciones están obedeciendo al llamado de Dios de salir del templo. Hay desde luego, distintas estrategias que cumplen con este objetivo, sin embargo, la más común de entre ellas es la estrategia celular. Cada iglesia tiene su propio modo de hacer reuniones celulares. En la iglesia que yo pastoreo, por ejemplo, tuvimos por efectivo iniciar grupos celulares en las casas una vez por semana; y en nuestra experiencia, nos funcionó muy bien establecer seis columnas o ejes fundamentales:

⇒ Pastorado personalizado: este consiste en proveer a cada célula o grupo pequeño un líder-siervo (laico), ya sea hombre o mujer, que cuide y vele por el bienestar del grupo de personas que tiene asignado. Este líder —de alguna manera— es una extensión del ministerio pastoral. Brinda cuidado y atención a las personas que están a su cargo. Dentro de sus responsabilidades está la dirección espiritual, la resolución de conflictos y la impartición de enseñanza bíblica semanal en los hogares. Este líder recibe un entrenamiento previo para ocupar este cargo y periódicamente recibe enseñanza de actualización; sus conocimientos deben ser cada vez más precisos y atinados.

⇒ Evangelismo amistoso: este concepto se refiere al importante papel que los grupos pequeños juegan en la evangelización. De esta manera, el grupo practica el evangelismo mediante la amistad, es decir, mostrando el amor de Cristo a los no convertidos que están dentro de su círculo de amistades. Esto funciona, es confortable y relacional, pues es mucho más simple invitar a una persona a recibir discipulado en una casa anfitrión primero, antes de que esté dispuesto a ir al templo. Al final del estudio, los anfitriones del grupo de discipulado comparten un refrigerio.

⇒ Discipulado efectivo: partiendo de que el discipulado es un asunto relacional, una vez que las personas conocen a Cristo, inmediatamente inicia un proceso de discipulado. La idea es que las personas no se detengan en su crecimiento espiritual, sino que crezcan, maduren y desarrollen sus dones y talentos para el servicio del Señor dentro de la iglesia. En el grupo de discipulado ellos aprenden a orar y a leer la Biblia; participan y hacen preguntas. Los nuevos convertidos en el grupo son acompañados y reciben el cuidado de otros miembros más maduros.

⇒ Comunión extra-iglesia: esto se refiere a vivir el cristianismo en comunidad. Es importante compartir unos con otros y proporcionar apoyo, ánimo y compañerismo. Sobre todo, es fundamental intercambiar experiencias personales y ayudar a otros a satisfacer las necesidades comunes de la vida. Esto no solamente se limita al horario o programa de la iglesia, sino que se extiende y se comparte en los hogares.

⇒ Enseñanza bíblica permanente: La enseñanza bíblica impartida es semanal. Es impartida por el líder a cargo del grupo, pero a la vez, éste permite la participación de todos. Todas las enseñanzas parten del Texto Sagrado y se da una aplicación para la vida cotidiana. Se toma una porción de la Palabra, se lee y se expone de una manera sencilla. Luego existe un tiempo para la interacción de los demás; también se determina un tiempo para formular y contestar preguntas; por último, se dejan pendientes algunos puntos en relación con el tema para tratarlos en la semana siguiente.

La proyección social comunitaria: esta última columna se refiere a que, no sólo los miembros se ayuden unos a otros, sino también sean capaces de ayudar a la comunidad. En este respecto, los miembros adquieren la habilidad de sensibilizarse a las necesidades de las personas que viven a su alrededor. Para ello, se interconectan para dar y recibir información valiosa, tal como información de empleo, asuntos de migración, fuentes de recursos en la comunidad y necesidades de alimento, entre otros muchos asuntos.

Modelo de iglesia basada en ministerios

Los grupos celulares pueden ser el eje que mueve y sostiene la visión de la iglesia, sin embargo, es posible —además conveniente—, que la iglesia se organice en ministerios. En mi iglesia vimos como algo bastante útil establecer «grupos de hospitalidad», es decir, grupos enfocados en ministerios específicos. Estos grupos permiten tener un acercamiento con la comunidad afuera, y con la comunidad cristiana adentro. Así, la iglesia realmente puede encarnarse en las ciudades y barrios de donde provienen los miembros. Estos grupos pueden funcionan como ministerios dentro de las comunidades, deben tener un líder y un equipo de trabajo y promover actividades de carácter espiritual, social y recreativo dentro del marco de la visión de la iglesia.

En primer lugar, dado que la disciplina espiritual de la oración es tan primordial en la iglesia local, dentro de los grupos ministeriales debe haber aquellos que son especializados en la promoción de la oración dentro de la iglesia. En nuestro caso, estos grupos se esparcen en las casas por zonas, se reúnen un día por semana, son encabezados por un líder y tienen una dinámica en sus reuniones. Ellos, en su oración, adoran, interceden por los ausentes, oran por las necesidades de los presentes, por las peticiones de la iglesia en general y de la comunidad.

Con todo y esto, aunque de pronto parezca una estructura un poco complicada, debe de mantenerse lo más simple que sea posible, a fin de que las personas se involucren en la vida de la iglesia. Su integración puede ser básicamente de dos maneras: por un lado, están los que aceptan a Cristo como su Salvador personal, quienes toman una serie de enseñanzas para dar paso al bautismo en agua y ser aceptados como miembros activos de la iglesia[2]. Por otro lado, están también los que

---

2. Nosotros usamos: La constitución y reglamentos para asambleas locales. La Puente, CA: Presbiterio General del Distrito Pacífico de las Asambleas de Dios, octubre de 1993 (Art. IV. Sec. 6).

provienen de otra iglesia o denominación, quienes pueden llenar una solicitud de membresía la cual será evaluada por la Junta Directiva de la iglesia para su aprobación. Así, una vez aprobados, los nuevos miembros —tanto los nuevos convertidos como los adheridos de otras iglesias— son recibidos pública y oficialmente y estarán listos para integrarse a los distintos ministerios en operación dentro de la iglesia según los dones que cada quien haya recibido de Dios.

Dentro de los ministerios que tenemos está el ministerio de la Escuela de Líderes. Ésta capacita el liderazgo local de la iglesia y brinda formación teológica básica y práctica. La Escuela de Líderes provee las herramientas fundamentales para ejercer el ministerio que Dios ha dado a cada uno.

Otro ministerio es la Escuela de Música. En ella brindamos la oportunidad a todo aquel que desee estudiar música e integrarse al equipo de alabanza. Esta escuela está dirigida por una maestra especializada quien reúne a los alumnos dos veces por semana. El alumnado está integrado por los músicos que ya están involucrados en el ministerio musical, y por los que están entrenándose para integrarse.

> LA NECESIDAD ESPIRITUAL ES LA MÁS IMPORTANTE PARA TODA PERSONA

Otra área ministerial dentro de la iglesia es la de misiones. Este ministerio da énfasis y motiva a la congregación a ayudar y colaborar en el establecimiento de la obra de Dios tanto dentro como fuera del contorno geográfico local. Este ministerio organiza eventos y coordina los esfuerzos de apoyo a los misioneros de acuerdo al presupuesto de la iglesia para ese fin.

Además de estos ministerios, existen otros cuyo fin es servir a los varones, a las damas, a los jóvenes, ancianos y niños. También hay ministerios en el área de benevolencia, y en el área de servicio (como son los desempeñados por los diáconos y los ujieres y aquellos que sirven en los eventos especiales).

Esfuerzos evangelísticos

Partiendo de que la necesidad espiritual es la más importante para toda persona, la iglesia debe enfocarse en que los perdidos conozcan al Señor como su Salvador personal. Algo que para todos ha funcionado muy bien es un evento al que se ha llamado, «el día del amigo». Este consiste en un servicio dentro del templo efectuado una vez al mes, el cual está planeado pensando en los visitantes. Es un servicio más corto de lo ordinario en donde los miembros traen a sus amigos, se tiene un tiempo de alabanza, hay una predicación especial y se ofrece un refrigerio al final. Antes del refrigerio hay un tiempo de oración e intercesión por las visitas. En mi experiencia esto trae muy buenos resultados.

En mi iglesia tenemos otro esfuerzo evangelístico fuera del templo. Este consiste en una comida gratuita ofrecida para la comunidad. Se planea bien el evento, se reparte literatura cristiana con anterioridad y se invita a todos a participar del almuerzo. En el evento se predica la palabra de Dios, se ora por los enfermos y por las peticiones y se bendice a los niños. Al final, invitamos a los que reciben a Cristo, a los grupos celulares y a los servicios dominicales en el templo. Estos eventos —a los que el equipo de evangelismo ha llamado «pescas»— han producido muy buenos resultados para la integración de nuevas personas a la congregación.

Los grupos de visitación tienen como objetivo dar seguimiento a los que rindieron sus vidas al Señor en los eventos evangelísticos, mayormente los efectuados al aire libre. Su ministerio lo practican con una llamada telefónica o una visita personal. En este contacto los nuevos convertidos —o prospectos— brindan más información de su situación personal y abren las puertas a la oración y a la consejería bíblica. A éstos también se les proporciona informes por escrito de la iglesia o del liderazgo pastoral. Los grupos de visitación son una interface entre el individuo y sus primeros contactos con la iglesia, ya sea a través de un grupo celular o bien de los servicios en el templo. Luego estas personas se lograrán integrar a la participación del resto de la iglesia en la gran comisión (Mateo 28:19).

El acercamiento de la iglesia a la comunidad

Con todo y el involucramiento de los miembros en los grupos celulares y en los ministerios que existan —de acuerdo a la visión de cada congregación en particular—, es necesario que la iglesia se concientice de la realidad que le rodea: la comunidad en la que está circunscrita.

Por tanto, por decirlo de algún modo, la iglesia debe encarnar el evangelio dentro de la comunidad en donde ministra. ¿Por qué? Porque existe el peligro de lo que mencionaba líneas atrás: que la iglesia se concentre en sus propias actividades y se olvide que está dentro de una comunidad necesitada de Dios. La iglesia está comprometida —bajo los términos de la Gran Comisión— a conocer su entorno más de cerca y así crear espacios para escuchar las historias y las realidades de su comunidad. «... debe bajarse del balcón para vivir y compartir con el pueblo en la banqueta».[3] Pues de otra manera la iglesia se quedaría sin ningún contacto con la comunidad.

Dios demanda de sus líderes que, no solo sean observadores de cómo marcha el pueblo, sino que caminen junto a ellos. Es decir, que se acompañen mutuamente. Con el pasar de los años, la iglesia local llega a parecerse cada vez menos a la gente que le circunda, por ello, al salir a la calle, ve únicamente extraños. Lo que esto genera es que los miembros de la iglesia sean intolerantes al cambio y opte por refugiarse dentro del templo. Este tipo de iglesia se puede calificar como una «iglesia reactiva». Este concepto fue desarrollado por Roxburgh y Romanuk, quienes en sus investigaciones señalan: «[el término] "reactivo" [denota] una iglesia que sabe que mucho [en su entorno] ha cambiado, pero que decide tomar una posición defensiva, protegiéndose de lo que está sucediendo afuera» (Roxburgh, Alan J., & Romanuk, Fred., 2006, p.11).

> LA IGLESIA ES LITERALMENTE UN AGENTE PODEROSO DE CAMBIO PARA UNA COMUNIDAD

Existen un sinnúmero de maneras para acercarnos a la comunidad. Esto va desde la presentación misma del edificio: letreros, instalaciones, etc., todo aquello que denote una iglesia actualizada. La publicidad debe ser más atractiva, el orden del servicio puede adecuarse también. La iglesia puede reclutar voluntarios para atender no solo a las necesidades de la membresía, sino a participar en la atención de la comunidad. Se pueden revisar los reglamentos y los manuales de procedimientos administrativos con una pregunta en mente: «¿Cómo se puede hacer más atractiva la iglesia a la comunidad y qué cambios se pueden hacer para cumplir con la visión y misión de ella?

La iglesia como agente de cambio para la comunidad

La iglesia es literalmente un agente poderoso de cambio para una comunidad y este cambio debe tomarse como su desafío más importante. Así, la iglesia debe incurrir en todas las áreas que en ella puede ser un agente de transformación: el área espiritual, el área física,

---

3. Se habló mucho de este concepto en el curso impartido por Juan Martínez y Mark Lau Branson: «OD722 — "Liderazgo misional para un mundo multicultural" (Fuller Theological Seminary, Pasadena, CA, 2006)»; sin embargo, el concepto fue acuñado por Ronal Heifetz & Martin Linsky (2002) en su libro Leadership on the line: staying alive through the dangers of leading. Boston: Harvard School Press., p. 51-74.

el área mental y el área relacional. Esta es la tarea de la iglesia. Desde luego, quizá el área en donde se encuentra el edificio puede no favorecerle y si existe manera de ubicarse mejor eso sería ideal. No se trata de retraerse de la comunidad, sino posicionarse mejor. Se pueden hacer estudios al respecto, a fin de que la propiedad pueda ubicarse mejor y ser de mayor influencia. Sin embargo, de no ser posible, esto no debería de servir como excusa para adoptar muchas otras medidas útiles.

Muchas de las reglas y estructuras que fueron diseñadas en una iglesia hace tiempo —por ejemplo—, para cumplir con los desafíos presentes en aquel entonces funcionaron bien, sin embargo, pueden ya no funcionar hoy. Por lo tanto, el liderazgo debe revisar estas estructuras y modelos y adecuarlos a las necesidades actuales de su contexto ministerial. Por cierto, algo que agrava la problemática de la adecuación de estas estructuras es precisamente el hecho de no estar bien delineadas, es decir, que obedecen a prácticas no escritas que se han institucionalizado en la iglesia. Siempre es necesario recordar que las estructuras de la iglesia local no son un fin en sí mismas, sino únicamente un medio o instrumento. Se trata así de que la iglesia funcione como un puente que una a la comunidad con Dios efectivamente, tomando en cuenta las nuevas realidades.

Existen iglesias que están enfocadas en crear una estructura operativa que logre mantener lo interno y carecen de puntos de conexión con la comunidad circundante. Ahí, prácticamente todo lo que ellas hacen tiene el fin de sostener la congregación, y la comunidad es únicamente vista como un campo que es necesario evangelizar. Una iglesia así no está pensando en los problemas de la comunidad, mucho menos en cómo responder a ellos. Por tanto, es así indispensable que la iglesia logre comprender que su misión no es sólo mantenerse internamente sino tocar las vidas de la comunidad de una manera integral.

Una iglesia que predica a la comunidad

En mi experiencia, he comprendido que la sabiduría de Dios para ministrar a la gente debe estar presente en todas las esferas, y esto incluye una renovación interna del orden de los servicios o cultos. Con nosotros existen dos tipos de servicios: uno durante la semana, el cual está diseñado para los creyentes, aquellos que ya son salvos y están en un proceso de crecimiento espiritual y madurez cristiana; y otro el domingo, el cual tiene como enfoque alcanzar a los no convertidos, es decir, un enfoque evangelístico. En el servicio de entresemana se imparten a los creyentes estudios bíblicos con una temática distinta cada mes; mientras que los de los domingos tienen un diseño más atractivo para los no convertidos y se habla de temas que les atañen directamente. Es decir, se habla de las realidades de la comunidad: la pobreza, el sufrimiento, la desigualdad social, el desempleo, la migración, la enfermedad y la escasez de recursos en general.

Cuando se habla a la comunidad de esta manera, ella se verá identificada y existirá mayor apertura para el evangelio, pues la iglesia ofrece a Cristo como la solución integral a su situación actual y la necesidad de acudir a Él de la manera que Él lo ha establecido en su Palabra.

En este capítulo estuve hablando de algunas de las formas en que una iglesia puede identificarse con las necesidades reales de la comunidad. Los ministerios y la estrategia celular son instrumentos útiles para servir tanto interna como externamente, todo con el fin de que la iglesia adopte el fin de servir como un auténtico puente entre los individuos y Dios. Pues no se trata de que la iglesia esté ajena a la comunidad en la que está circunscrita, sino más bien, por el contrario, de que esté perfectamente apercibida de los desafíos que necesita encarar. En el siguiente capítulo estaré hablando más específicamente de uno de estos desafíos, el cual está presente en muchas de las comunidades en el mundo: la pobreza.

DEFINICIÓN
DE POBREZA

EN MUCHAS OCASIONES LA IGLESIA PIENSA que basta con ayudar de vez en cuando a los necesitados que se encuentran en su comunidad. Le llama «obra social», e incluye cosas tales como clases especiales de salud para la niñez y las mujeres, ayuda monetaria en tiempos de necesidad, clínicas y talleres de ayuda comunitaria, bancos de comida, ferias de empleo, etc. Sin embargo, todos estos esfuerzos no son suficientes, es necesario un proceso de transformación y la iglesia debe ser quien lidere esta transformación. No sólo se trata de ayudar a los necesitados cuando ellos se encuentren en necesidades extremas, es decir, en momentos especiales de crisis y dolor, sino que la iglesia encarne de manera integral el evangelio que predica y se enfoque seriamente en brindar soluciones integrales a los que viven a su alrededor. Esto debe ser el estilo de vida de la iglesia.

Ahora bien, dado que una de las principales problemáticas —como ya lo he dicho, y como es tema principal de este libro— es el tema de la pobreza, en este capítulo procederé a explicar cuál es su definición; cuáles son sus distintivos más importantes y sus límites naturales.

Distintivos de cohabitación geográfica de ricos y pobres

Existen muchas comunidades en los Estados Unidos y aun en muchos otros países en donde los ricos y los pobres habitan en una misma región geográfica. Sin embargo, estos tienen distintivos muy importantes. En primer lugar, los ricos habitan en casas mucho más costosas, cuyos precios son inalcanzables para los pobres. En las comunidades en donde los precios de las viviendas son muy altos, los pobres tienen que unirse para rentar espacios muchas veces más pequeños de lo suficiente para su óptimo desarrollo.

Los espacios de los ricos normalmente están mejor decorados, cuentan con más áreas de recreación y deportes. Mientras los ricos prefieren los campos de golf y las prácticas ecuestres, los pobres prefieren actividades deportivas y de esparcimiento que no necesiten mucha inversión (la práctica del futbol soccer, por ejemplo) y el uso de los parques públicos.

Los ricos tienen empleos estables y negocios redituables con una estabilidad mucho más duradera, en tanto que el pobre cuenta con poca estabilidad laboral. Algunos, por ejemplo, se ubican en las esquinas de la ciudad en espera que algún empleador los contrate para trabajar en diversas actividades: construcción, mudanzas, trabajos del campo, etc., los cuales casi siempre son eventuales, es decir, de poca duración. El distintivo entre ricos y pobres puede observarse prácticamente en todos los aspectos: marcas de ropa, alimentación, medios de transporte, educación, etc. Sin embargo, para definir mejor la pobreza se tiene que hacer uso de algunas otras definiciones.

Pobreza relativa o absoluta

En ocasiones no existe plena seguridad de lo que se está hablando al usar término «pobreza», por ello es necesario el auxilio de algunas definiciones prácticas: la pobreza relativa y la pobreza absoluta.

Una medida relativa de pobreza frecuentemente utilizada por el Programa de Desarrollo de las Naciones Unidas califica a una persona como pobre si gana menos de la mitad del salario promedio del país en donde vive. Así, por ejemplo, mientras que una persona que se puede considerar acaudalada en Nepal, podría considerarse muy pobre en un país como Los Estados Unidos (Norberg, 2005).

Por el otro lado, la pobreza absoluta está definida por el Banco Mundial como atribuida a una persona que gana menos de un dólar americano con noventa centavos ($1.90) por día. Y se eligió esta cantidad de dinero porque corresponde al promedio de la línea de pobreza nacional de los países más pobres del mundo (The Word Bank, 2008).

Esta información expone que el problema de la pobreza es mucho más complejo que simplemente el dinero que una persona gana o posee. La miseria, por ejemplo, se ha reducido considerablemente en China, sin embargo, la brecha entre ricos y pobres es más amplia. Es decir, los ricos millonarios se han vuelto multimillonarios, pero gracias a ello, aquellos que vivían en la miseria ahora viven mucho mejor que hace una década. Esto en parte se debe a la globalización.

La globalización y la pobreza

La palabra «global» significa lo referente al globo terráqueo, es decir, a todos los países y territorios del mundo. Otro término novedoso es el término Glocal: un adjetivo que denota tanto el mundo entero como el ámbito local. Hoy se puede entender la situación del mundo actual como un sistema interconectado e independiente entre sí. Consiste en una serie de redes tejidas de diversos matices, tales como la cultura, el comercio, la economía, la tecnología avanzada, las comunicaciones, etc., lo cual contribuye a que la humanidad habite en un mundo cada vez más pequeño.

La globalización, según Antonio González, es un «término que comenzó usándose en los años ochenta para designar el hecho de que los mismos productos estaban comenzando a venderse al mismo tiempo y de modo semejante en todo el mundo, ahorrando costos y armonizando los gustos de todos los consumidores» (González, 2003, p.19). Por aquel tiempo —y desde entonces—, las empresas multinacionales comenzaron a operar en distintas zonas geográficas del globo terráqueo, inclusive propiciando que éstas perdieran su identidad nacional (González, 2003, p.19).

LA POBREZA ES UNA FORMA DE MARGINACIÓN

Este fenómeno ha provocado también mayor movilización, no sólo de productos sino de personas. Así, hay formaciones de grupos de trabajadores, quienes emigran a países más ricos en búsqueda de nuevas oportunidades y un mejor futuro para sus familias. La globalización es una de las fuerzas más importantes que configuran hoy en día las áreas urbanas y del mundo (Davey, 2001).

La iglesia local no está ajena a esta globalización. Más bien, por el contrario: está impregnada de ella, pues en una misma comunidad pueden existir muchos grupos que ya sea directa o indirectamente, son resultado de ella: distintas culturas y costumbres; idiomas y dialectos diversos, etc. La iglesia, en muchos lugares es una muestra micro de todo el panorama globalizado del que estoy hablando y concuerda con las palabras de Andrew Davey: «La ciudad contemporánea es un lugar donde los mundos se encuentran» (Davey, 2001).

Definición de pobreza: marginación

Según la revista de estudios sociales y de psicología de Cáritas Española se define marginación como «el proceso por el que una sociedad rechaza, extraña de sí misma, a unos determinados individuos desde la simple indiferencia (ancianos, minusválidos, subnormales, etc.) hasta la represión y exclusión (delincuentes, drogadictos, disidentes políticos, etc.) La marginación unas veces es consecuente con la defensa de los intereses de la comunidad en general y otras con los de las minorías dominantes» (Navarro Botella, 1977).

La pobreza es una forma de marginación. Y normalmente, los sectores que se distinguen por «marginados» presentan características comunes: sobrepoblación, desempleo, drogadicción, alcoholismo, baja escolaridad, etc., y se agrupan en áreas geográficas bien delimitadas.

«La cultura de la pobreza es una adaptación y una reacción del pobre a su situación marginal en una sociedad estratificada de clases y en la que domina el individualismo. Representa un esfuerzo por sobreponerse a los sentimientos de desesperación que surgen al darse cuenta de la escasa posibilidad de obtener éxito de acuerdo a los valores y objetivos de la sociedad dominante» (Lewis, 1966).

Hace décadas se habló de una «cultura de pobreza», la cual se decía proveniente de una «mentalidad de pobreza». Es decir, del sistema de valores que el pobre adopta, los cuales le arrastran hacia el estado en que se encuentra. El término de «cultura de pobreza» fue acuñado por el antropólogo Oscar Lewis en los años sesenta. Según Lewis, los que viven en esta «cultura» tienen —entre otras cosas— «un sentido muy pobre de la historia» y viven únicamente para satisfacer las necesidades del presente. Sin embargo, esta filosofía simplemente se conforma a culpar al pobre de su estado: el pobre lo está porque quiere estarlo. Esto, desde luego, ha sido criticado por muchos otros estudiosos del tema social, quienes esgriman la idea de que la pobreza es más bien producto de ciertas condiciones sociopolíticas y de infraestructura que impiden al pobre a salir de su estado y que, además, la idea de Lewis es partidaria de los grupos privilegiados.

> LA POBREZA ES PRODUCTO DE CIERTAS CONDICIONES QUE IMPIDEN AL POBRE SALIR DE SU ESTADO

Estaré hablando un poco más profundamente de este tema en el capítulo siguiente en donde trataré de explicar las causas de la pobreza en los individuos como parte del entendimiento esencial para un mejor desenvolvimiento en el campo misional.

CAUSAS

DE LA POBREZA

S IN DUDA ALGUNA, LAS CAUSAS de la pobreza suelen estar relacionadas con un gran número de circunstancias tanto educacionales, ambientales, psicológicas y físicas. La incultura, la vivienda inadecuada, el alcoholismo y otras anomalías sociales la propician. Asimismo, existen otras de carácter físico como la alimentación subnormal, la deficiencia mental, la minusvalía y las enfermedades crónicas. De igual manera, otros factores son psicológicos y ambientales: la falta de estímulo familiar y ambiental, el divorcio y desintegración familiar, los trabajos embrutecedores (los que no contribuyen en nada al desarrollo y cultivo intelectual), la sobrepoblación habitacional, la soledad física y psíquica, el desarraigo social, la inseguridad, etc.

En los Estados Unidos y en muchos otros países es una creencia común que la pobreza es simplemente un derivado de la pereza física y mental y la negligencia; sin embargo, aunque estos pueden ser factores dentro de la ecuación, no precisamente son la causa principal de ella. Respecto a esto, el escritor británico George Monbiot dice: «Si la riqueza fuera el resultado inevitable del trabajo duro y la iniciativa, todas las mujeres de África serían millonarias» (Monbiot, 2011). Es común escuchar a los millonarios decir que la razón de su riqueza se debe al trabajo duro, sin embargo, esto es tan sólo uno de los factores que podría o no propiciar la riqueza, e inclusive, en algunos casos, ni siquiera es absolutamente necesario. Por otro lado, algo más sorprendente aún son las conclusiones de Daniel Kahneman, un israelí galardonado con el Premio Novel en economía (2002), quien, según sus investigaciones acerca de los factores que hacían de la gente millonaria, explica en su libro que, a diferencia de lo que es generalmente asumido, los ricos son ricos, no porque tengan las mayores cualidades ni habilidades, sino simplemente por razones meramente accidentales y fuera de su voluntad: dónde nacieron, dónde se educaron, a qué familia pertenecieron, cuál fue su raza y su idioma materno, etc. (Kahneman, 2015).

Con todo y esto, las razones de la pobreza arriba mencionadas son factores recurrentes siempre dignos de considerar. Son causas que crean ambientes de pobreza y la propician; y ante esto, la pregunta obligada es: ¿Cómo la iglesia puede intervenir para abatir estos problemas tan complejos? Los misionólogos Roxburgh y Romanuk proponen que el primer paso es promover el diálogo con la comunidad y establecer grupos de escucha (Roxburgh, A., & Romanuk, F., 2006, p.7). La iglesia necesita, en primer lugar, conocer la naturaleza de los problemas que los habitantes de su comunidad están viviendo.

Los síntomas de la pobreza que una comunidad puede presentar son tanto superficiales, externos y visibles, como otros más profundos: aquellos internos, los que no pueden verse a simple vista. Así, en el contacto con su comunidad, la iglesia puede identificar, observar y analizar las problemáticas de la pobreza que ahí se presentan. En ese capítulo estaré viendo en más detalle algunos de estos aspectos.

El hacinamiento

Aunque la palabra hacinamiento es genéricamente sinónimo de amontonar, acumular y juntar sin orden, es muy utilizada con relación a la sobrepoblación habitacional; es decir, se considera que existe hacinamiento cuando cohabitan un número de personas en un mismo espacio habitacional superior al número considerado originalmente en el diseño arquitectónico. Así, el hacinamiento es uno de elementos de un círculo vicioso de pobreza: es consecuencia de ella y la propicia. La investigadora social Alison Gray indica en su libro Definitions of crowding and the effects of crowing on health [Definiciones del hacinamiento y los efectos de ésta sobre la salud] que tal condición propicia una serie de trastornos de salud física y mental: la promiscuidad (los niños comparten la misma cama y la misma habitación, y tienen mayor contacto físico innecesario); falta de sueño (normalmente los que incurren en el hacinamiento son afectados por los demás y les es imposible lograr un sueño adecuado); falta de privacidad (los cohabitantes carecen de un espacio propio); inhabilidad para el cuidado de los miembros de la familia que se encuentren enfermos o en condiciones de salud desfavorables; y, prácticas de higiene deficientes (Gray, 2001, p.5).

El hacinamiento propicia, además, otras condiciones fuera de la vivienda misma. Los servicios de recolección de basura, por ejemplo, no están diseñados para la cantidad de personas que cohabitan en un edificio de departamentos con hacinamiento, lo cual acarrea problemas de higiene dentro de la comunidad. Otro de los problemas derivados es la carencia de estacionamientos suficientes, etc. El problema es realmente más complejo de lo que suele apreciarse a simple vista.

La gente que vive en tales condiciones no gana el dinero que es necesario para rentar un lugar lo suficientemente amplio para el desarrollo normal; por ello, se ven obligados a vivir con otros, ya sea con familiares (en el mejor caso) o inclusive con personas totalmente desconocidas. Esto es común en las grandes ciudades, en donde existen mayores posibilidades de encontrar un empleo; esta es la razón porque la gente emigra ahí —procedente de muchos otros lugares— con la esperanza de mejorar sus condiciones económicas; sin embargo, se tiene que enfrentar a una cruda realidad: la vivienda en esos lugares por lo regular es muy costosa.

En mi experiencia pastoral he visto casos de hacinamiento bastante extremos: anuncios ofreciendo la renta de recámaras, salas, garajes e incluso otros lugares de la vivienda aún más pequeños tales como guardarropas y espacios debajo de las escaleras. Esto es evidencia de un problema bastante severo.

El desempleo

La tasa de desempleo se calcula dividiendo el número de personas desempleadas entre la población económicamente activa (PA) y luego, el resultante, multiplicado por cien.

El desempleo desencadena una serie de problemas tanto económicos como sociales. Los desempleados presentan no sólo un desequilibrio en su economía, sino, muchas veces también, problemas de salud debido al estrés, depresión, falta de confianza en sí mismos y otros trastornos psicológicos. John R. Stott dice: «La persona sufre una gran conmoción al ser declarada "prescindible" y aún peor al pensar en sí misma en esos términos» (Stott, 1995, p.202).

Para muchos individuos su trabajo está relacionado con su identidad: se sienten útiles, y su trabajo les brinda un estatus legal y social en la comunidad. Sin embargo, cuando prescinden de su empleo, suelen presentar un sentimiento de aislamiento de la sociedad y su autoestima decrece considerablemente. Así, con los que están desempleados, llega un momento en que, por la falta de recursos y en su desesperación, se ven obligados a tomar empleos que no se ajustan a sus habilidades y talentos. Aquellos que poseen estudios universitarios o que anteriormente fueron empresarios tienen que trabajar en el cuidado de niños o en los restaurantes, en la industria de la construcción, en la limpieza de casas, en la jardinería, etc., trabajos que normalmente son poco remunerados.

Cuando existe un ambiente de despido en cierto lugar, la presión para los que permanecen empleados crece: ellos temen perder su propio trabajo y están muchas veces dominados por la ansiedad.

Por otro lado, existe también desempleo, no porque no existan las oportunidades, sino porque dentro de la comunidad no hay personas lo suficientemente calificadas. Es decir, por ejemplo, si dentro de la comunidad hispana en cierto lugar en Estados Unidos no existen personas poseedoras de una carrera universitaria o técnica, o bien, carecen del dominio del idioma inglés, no cumplen con el requisito del estatus migratorio, no tienen el conocimiento suficiente de computación o carecen de una licencia de conducir, por todo esto —entre otras cosas—, los empleadores no los considerarán.

El problema es complicado y presenta una diversidad de manifestaciones en la sociedad. Los psicólogos sociales —dice Stott—, afirman que «la desocupación se puede comparar con un luto; la pérdida del empleo, en cierta manera, se parece a la pérdida de un ser querido o un amigo de apoyo» (Stott, 1995). Así, al permanecer mucho tiempo sin empleo, el individuo se siente no sólo desmoralizado, sino incluso deshumanizado.

El abuso de drogas

Ha sido objeto de estudio para los sociólogos la correcta relación entre el abuso de drogas y la pobreza. Por un lado, es aceptado que el abuso de las drogas desencadenará un empobrecimiento natural en todo individuo adicto; sin embargo, es absurdo pensar que aquel que nace en la pobreza está ahí exclusivamente debido al abuso de las drogas. Siempre se trata de un conjunto de factores envueltos y este es uno de ellos.

Los barrios marginados son por lo general más vulnerables a desarrollar este mal social. Se trata de zonas geográficas en donde habitan personas a las que la sociedad ha puesto limitaciones económicas, culturales y sociales. Juan Martínez, investigador de Fuller Seminary señala que en una sociedad marginada «las personas hacen los trabajos de menos prestigio; aquellas posiciones "invisibles"» (Martinez, 2008, p.75).

El drogadicto vive en un estado de aislamiento social y psicológico. No sólo es un asocial, es decir, uno que no logra integrarse o vincularse al cuerpo social, sino más bien, uno que evade la realidad: su marginación es personal y totalmente individual antes de serlo ante la sociedad en su conjunto. En muchas ocasiones —aunque presente en todos los estratos sociales— el drogadicto vive en las zonas marginadas. No es precisamente un delincuente —aunque la delincuencia sea el destino de muchos—, y por ello, es necesario reconocer más bien las graves desventajas a las que estas personas se han visto expuestas: menos educación formal de la debida, servicios sociales deficientes o inexistentes, desintegración familiar, influencias nocivas, etc.

> EL DROGADICTO VIVE EN UN ESTADO DE AISLAMIENTO SOCIAL Y PSICOLÓGICO

La drogadicción es una amenaza para la paz y estabilidad de una comunidad. Aunque, como mencionaba hace unos momentos, el drogadicto no es un delincuente por su vicio, sin embargo, se sitúa en una posición altamente vulnerable para convertirse en uno. El robo y el homicidio son comunes entre los que se adhieren a una pandilla compuesta por drogadictos. También siempre estará latente la posibilidad del suicidio. El Instituto Nacional de Abuso de Drogas (NIDA, por sus siglas en inglés), presenta la cifra de 70,237 personas muertas en 2017 debido a una sobredosis de drogas (National Institute on Drug Abuse, 2020). Esta cifra fue en 2017 la causa principal de muertes en Estados Unidos. La Agencia para Control de Drogas (DEA, por sus siglas en inglés), reportó que el incremento de muertes por sobredosis se debió mayormente al abuso de los opioides (Scholl, Seth, Kariisa, Wilson, & Baldwin, 2018). Los opioides, a veces llamados narcóticos, son un tipo de medicamento. Éstos incluyen fuertes analgésicos (usados para aliviar dolores muy intensos) que además causan euforia, como la oxicodona, la hidrocodona, el fentanilo y el tramadol. Dentro de los opioides se encuentra la heroína. Se les llama opioides porque son derivados del opio (encontrado en la naturaleza), pero también hay otros que son sintéticos (fabricados por el hombre).

La drogadicción, así como otros vicios en el ser humano, provocan un efecto degradante y conductas anormales que, como un efecto dominó, desencadena una serie de trastornos sociales y psicológicos tanto en el individuo como en toda la sociedad; y todo esto contribuye a que el ciclo de la pobreza se perpetúe.

El alcoholismo

El alcoholismo contribuye a empobrecer la población. El dinero gastado para mantener el vicio priva a las personas de invertir en áreas siempre de mayor prioridad tanto en el individuo como en su propia familia.

El alcoholismo daña la salud considerablemente. Provoca sangrado en el estómago o el esófago; produce inflamación y daños en el páncreas; también daña gravemente el hígado, propicia la desnutrición y está comprobado ser LA IGLESIA PUEDE SER agente causante de cáncer de esófago, de hígado, LA ÚNICA SALVACIÓN de colon, de mama; y de enfermedades como la cirrosis hepática, hipertensión, enfermedades cardiovasculares, derrame cerebral, diabetes y muchas otras. Asimismo, provoca daños en el sistema nervioso y otros sistemas del cuerpo.

El alcoholismo conduce a un sinnúmero de problemas: depresión, ansiedad, baja autoestima, divorcios; así como accidentes automovilísticos, caídas (algunas de los cuales podrían ser fatales), violencia, agresión sexual, violaciones, homicidio y suicidio.

La asociación JAMA Psychiatry, publicó un artículo en donde da a conocer cifras alarmantes. Dice que en la primera década de este siglo la adicción al alcohol entre la población aumentó un 49%. Así, ahora este mal afecta a uno de cada ocho ciudadanos en EE.UU., lo cual equivale a un 12.7% del total (Grant, B. F., Chou, S. P., Saha, T. D., Pickering, R. P., Kerridge, B. T., Ruan, W. J., ... Hasin, D. S., 2017, p.911).

Este es un problema que cada vez es más extendido y agudo. Es ahí donde la iglesia puede ser la única salvación mediante la predicación del evangelio. Dios interviene poderosamente para sacar a una persona de sus vicios. Y así, su vida es notablemente mejorada, tanto en área espiritual como en todas las demás áreas, incluyendo el área económica. Un alcohólico que se encuentra actualmente en la miseria saldrá de su pobreza mediante el poder de Dios y del evangelio.

Bajo nivel educacional

Otro de las causas comunes de la pobreza es la falta de escolaridad. Los pobres, en su mayoría son personas que recibieron muy poca educación formal. Muchos no terminaron ni sus estudios más tempranos. Existe también un sector que no sabe leer y escribir.

En Estados Unidos casi un 30% de los considerados pobres (según el Census Bureau) no pudieron obtener el título de la escuela secundaria (High School) (Duffin, 2017). Por tanto, es sabido que existe una correlación muy estrecha entre la educación y la pobreza en Estados Unidos. Sin embargo, esto no sólo existe en este país sino en todo el mundo; de manera que la UNESCO afirma: «La pobreza podría reducirse a la mitad si todos los adultos hubieran terminado la educación secundaria» (UNESCO, 2017).[4]

Por ello, una forma muy efectiva de abatir la pobreza es promoviendo la educación entre los individuos. Una sociedad mejor educada tendrá la tendencia a salir de la pobreza en todas las comunidades.

Falta de comida

La falta de comida no sólo es un síntoma de la pobreza, sino una de sus causas también. El desempleo, los bajos salarios, los altos costos de vivienda, y las familias numerosas son los algunos de los factores que propician que las familias tengan que hacer recortes de gastos, hasta el punto de que estos recortes alcancen la alimentación misma. Muchas familias de bajos recursos tienen día a día el reto de proveer una alimentación saludable y balanceada para los miembros de su familia. El empleo ocasional, los recortes de las horas de trabajo y los bajos salarios tienen repercusiones en estas familias. Lo que estas familias ganan apenas les alcanza para su sustento y para sobrevivir. Algunos, en su afán por obtener mejores precios por los comestibles, viajan a otras ciudades en donde pueden encontrar alimentos más baratos. Así, la carencia de una dieta saludable y balanceada acarrea consecuencias directas en la salud. En los niños una mala nutrición afecta su desarrollo. Investigadores de la Universidad Politécnica Estatal de California, en coordinación con investigadores de la Universidad de Maryland, dicen:

LA POBREZA AFECTA EL DESARROLLO DEL NIÑO Y SUS RESULTADOS EDUCATIVOS

---

4. UNESCO (2017). World Poverty Could Be Cut in Half if All Adults Completed Secondary Education. Recuperado de http://uis.unesco.org/en/news/world-poverty-could-be-cut-half-if-all-adults-completed-secondary-education.

«La pobreza afecta el desarrollo del niño y sus resultados educativos en sus primeros años de vida [...] La preparación escolar —o la capacidad de aprovechamiento—, es reconocida por tener un papel muy importante en la vida para salir de la pobreza en Estados Unidos... Es un elemento crítico, pero necesita ser apoyado por muchos otros componentes estratégicos...» (Engle, P. L., & Black, M. M., 2008, p.243-256).

El artículo habla de que ciertamente la esperanza de las familias pobres de hoy es que sus niños obtengan una sólida educación para que un día ellos sean capaces de escapar del ciclo de pobreza; sin embargo, es necesario que tales familias posean algunos elementos indispensables para el desarrollo. De entre estos elementos indispensables está, desde luego, una buena alimentación.

Las madres solteras

Las madres solteras están colocadas en una de las posiciones más vulnerables de la sociedad. No sólo está el problema económico al tener que mantenerse a sí mismas y a sus hijos sino al desdén de la sociedad en su conjunto. El resultado es muchas veces que estas mujeres sufran de un fuerte desequilibrio psíquico y caigan aún más bajo en la escalinata social.

Una madre soltera tiene que afrontar el rechazo social y esto debilita los fundamentos psíquicos de su propia identidad. Ellas vienen de diferentes trasfondos, mayormente procedentes de familias con serias fallas en una apropiada educación sexual; padres autoritarios que no supieron desarrollar en su(s) hija(as) una apropiada confianza en ella(s) misma(s). Surge del caso de las jovencitas rebeladas que, en su ignorancia e inconciencia de las consecuencias y por la influencia de amistades nocivas, empiezan a tener experiencias sexuales fuera del matrimonio.

Las estadísticas muestran una misérrima realidad para una madre soltera —aun en Estados Unidos—. Cerca de 4 de cada 10 niños nacen de madres que no están casadas, (VerBruggen, R., 2017). de los cuales cerca de dos tercios tuvieron madres de menos de 30 años (US Census Bureau, 2018). El indicativo de ingreso de estas madres es muy bajo en comparación con el de las madres que están casadas. En el 2017 el Census Bureau reportó que el promedio de ingresos de las familias cuya cabeza de hogar era una madre soltera fueron $41,700 en comparación con el ingreso de las familias con parejas casadas ($90,380) (US Census

Bureau, 2017). Así, el 40% de los niños mantenidos por una madre soltera se sitúan abajo de la línea de pobreza, en contraste con sólo el 12% de aquellos que viven con ambos padres (US Census Bureau, 2018). Estas son tan sólo algunas de las tristes estadísticas que reflejan la demografía de las madres solteras en el país más rico del mundo.

Existen los casos de hijos cuyo papá biológico no se encuentra con su madre en este país. Ellas, muchas veces, no tienen acceso a ningún tipo de asesoramiento espiritual que les pueda brindar una guía para mejorar sus estilos de vida. La pobreza se vuelve más grave en el caso de las madres solteras que son menores de edad y que aun se encuentran cursando estudios básicos. Así, la madre soltera se ve en la necesidad de abandonar su educación debido a la situación que atraviesa, y la llegada de la criatura resulta, no sólo en el abandono de la escuela sino en la entrada en una crisis enorme: la búsqueda de formas de ganarse la vida. Ahora se enfrenta a desafíos económicos que antes nunca imaginó.

Para una porción de ellas, su problemática les guía a tomar decisiones desesperadas: la prostitución. Por cierto, las razones —en general— por las que las mujeres en Estados Unidos se están convirtiendo cada vez más en madres solteras son: el embarazo en la adolescencia, el abandono de los padres, la adopción, y el mayor de todos: el divorcio.

Estas son tan sólo algunas de las causas que originan la pobreza en una familia y en un individuo, son muchas más. La situación suele siempre ser mucho más compleja de lo que la sociedad —y los mismos pobres— son capaces de percibir.

En el siguiente capítulo veré brevemente la injusticia social, es decir, el trato injusto que los ricos en un sinnúmero de ocasiones dan a los pobres.

LA INJUSTICIA SOCIAL:
EL TRATO DE LOS RICOS
CON LOS POBRES

L A BÚSQUEDA DEL BIEN COMÚN y el servicio comunitario deberían ser los objetivos principales para el desarrollo integral de una comunidad; sin embargo, no siempre este es el caso. Así se entra en un tema que no sólo tiene que ver con el comportamiento y decisiones de los pobres mismos, de su herencia y de su entorno social particular, sino de la política gubernamental. Así, la falta de voluntad política y la inoperancia de los recursos locales afectan directamente al sector marginado en cuestión.

Las decisiones del gobierno en torno a las necesidades de los pobres y más aún, de la creación de oportunidades para que ellos puedan salir de su pobreza, es el pan de cada día en los debates políticos, y los comentarios y opiniones ofrecidas por activistas, periodistas y ciudadanos en general.

Los gobiernos están llamados para procurar el bien común

En teoría, el gobierno ya sea de una ciudad, de un estado o de un país, es quien tiene la encomienda de estrechar la brecha entre ricos y pobres. Sin embargo, un gobierno, por ejemplo, en donde no existen proyectos de construcción de vivienda para personas de bajos recursos y sí de residencias para la clase privilegiada habla de un grave problema de desigualdad. Una comunidad que no está interesada en satisfacer ni al menos las necesidades básicas de sus habitantes pobres —las cuales ellos necesitan para florecer—, denota un grave problema de injusticia social. También los pobres —y no sólo las clases privilegiadas— necesitan calles seguras, educación, economías viables, oportunidades políticas, centros de recrea- **LA COMUNIDAD NECESITA** ción y salud, etc. La comunidad necesita un **UN LIDERAZGO ÉTICO** liderazgo ético comprometido con ella. Bob **COMPROMETIDO CON ELLA** Lupton comenta atinadamente al respecto: «Una comunidad no permanecerá saludable si no es económicamente viable. Una comunidad no se mantendrá saludable sino fomenta, retiene y atrae un liderazgo autóctono capaz. Una comunidad no permanecerá saludable si se aísla de los sistemas más importantes de la ciudad y de la sociedad [en su conjunto]» (Lupton, B., 1995).

La política establecida por el gobierno siempre estará a prueba, y el éxito de su liderazgo estará medido por el grado en que logra el establecimiento del bien común; tal y como está establecido en el preámbulo de la Constitución de los Estados Unidos: [la meta de la política gubernamental es:] «establecer la justicia, asegurar la tranquilidad doméstica, proveer para la defensa común, promover el bienestar general, y asegurar las bendiciones de la libertad para nosotros y nuestra posteridad».

El gasto público en proyectos del exterior

Luego del suceso de septiembre 11 de 2001, los legisladores en Estados Unidos han tenido la filosofía de que un crecimiento económico global en términos generales beneficia la seguridad del país. De hecho, desde 1961 se creó el USAID (Agencia para el Desarrollo Internacional de los Estados Unidos, por sus siglas en inglés), oficina que se encarga de administrar un pequeño porcentaje del presupuesto público destinado para programas de ayuda al exterior. Los recursos son destinados, no sólo a la compra de bienes y fondos directos, sino también a la asistencia técnica, programas educativos, atención médica y otros servicios. Los beneficiarios incluyen gobiernos extranjeros (incluyendo militares y fuerzas de seguridad), así como empresas locales y asociaciones de beneficencia, y organizaciones internacionales como las Naciones Unidas, etc.

Aunque el presupuesto destinado parece ser poco, (el 1.2%), es significativo si se compara, por ejemplo, con el presupuesto destinado a

SNAP (estampillas de comida) que representa el 2% del presupuesto del gobierno. Por tanto, es un tema de debate: ¿hasta qué punto los países ricos deberían participar en el desarrollo de los países pobres?

En otros países como el Reino Unido, los argumentos van también de un lado a otro. Por ejemplo, Douglas Alexander, analista político de The Guardian Magazine, dice que, aunque debería ponerse énfasis en el presupuesto para abatir la pobreza en casa, también los países ricos tienen responsabilidad en el bienestar de los países pobres:

«Necesitamos hacer algo más que tan sólo tener los argumentos correctos sobre el deber moral y el interés común para explicar al público por qué deberíamos continuar financiando la ayuda al exterior al tiempo que se nos pide que reduzcamos los presupuestos en casa [...] La responsabilidad con los pobres... involucra estándares más altos, [pues], los países ricos suelen ser parte del problema: regulaciones internacionales de comercio injustas, como subsidios agrícolas y reglas restrictivas de la propiedad intelectual; exportaciones irresponsables de armas; controles débiles sobre las compañías internacionales que hacen uso del soborno en el extranjero; la no reprensión de los activos robados de los países en desarrollo (los que luego se lavan a través de instituciones financieras occidentales y paraísos fiscales); el problema del cambio climático, cuyos agravantes golpean más a los países pobres: todo esto debería ser tratado con la misma seriedad de propósito que hemos demostrado en nuestra lucha por proteger el presupuesto de ayuda y su enfoque en la pobreza» (Alexander, D., 2010).

Estructuras políticas que promueven y contribuyen a la pobreza

Es común que los políticos tan solo den la cara para promover sus nombres en el tiempo de las elecciones, pero luego no se aboquen a la tarea de abatir las necesidades de las comunidades marginadas. Cuando no existe un acercamiento o conexión entre las esferas de poder y los grupos marginados, no existirá tampoco una comunidad saludable. Las estructuras políticas son clave en la existencia de desigualdad, la exclusión social, la pobreza, los salarios bajos, el desempleo, la discriminación, la migración forzada, los niveles inhumanos de vida, y el favoritismo a ciertas clases sociales. Estas estructuras políticas descuidadas son detonantes que activan las luchas por el poder y generan muy pocos beneficios reales a la población marginada. Bryan L. Myers, en su descripción de la pobreza comenta lo dicho por John Friedman (profesor de planteamiento urbano de la Universidad de California en Los Ángeles) sobre la impotencia de las clases menos favorecidas ante el poder social de donde generalmente son excluidas; los pobres necesitan —nos dice— ser empoderados (Myers, B. 2002, p.73). Luego comenta también —transcribiendo lo dicho por Friedman—: «Los que no son pobres se ven a sí mismos como superiores, necesarios y ungidos para gobernar. Sucumben a la tentación de ser dioses en la vida de los pobres por medio de los sistemas religiosos, los medios de comunicación masiva, la ley, las políticas de gobierno y las personas que ocupan posiciones de poder» (Myers, B. 2002, p.73).

La política del gobierno es un factor de gran importancia para contribuir o abatir la pobreza en las comunidades.

Creados iguales

La Declaración de la Independencia de Los Estados Unidos es famosa por una frase en particular: «Todos los hombres fueron creados iguales...». Sin embargo, evidentemente existe desigualdad en el mundo. Ante esto, James Wilson (1742-1798), quien fue uno de los hombres que firmó esta Declaración de Independencia escribió:

> «Cuando decimos que todos los hombres son iguales, no queremos decir que exista igualdad en cuanto a virtudes, talentos, disposiciones o adquisiciones. En todos estos aspectos, existe, y es apropiado para los grandes propósitos de la sociedad, que exista una gran desigual-dad entre los hombres... [Pero] todavía hay un aspecto, en el que todos los hombres en la sociedad, y ante la civilización y ante el gobierno, son iguales: existe una igualdad de derechos y obligaciones... Los derechos y deberes naturales del hombre pertenecen a todos por igual» (Wilson, J., & McCloskey, R. G., 1967).

El concepto de justicia no debe confundirse con la igualdad, sino ambos son conceptos que deben examinarse detenidamente. Pues se puede decir, que donde todos los hombres son exactamente iguales es justo tratarles como iguales, pero donde son diferentes, si les trata como iguales esto sería injusto entonces. Por tanto, todos deben ser tratados por igual ante la ley, ya que todos poseen el derecho a la vida, a la libertad y a la búsqueda de la felicidad. Según la Declaración de Independencia, no importa que tan viejo, joven, débil, fuerte, rico o pobre, sea una persona, todas tienen el mismo derecho a la vida y son igualmente valiosas. Sin embargo, existen otras áreas en que existen diferencias y cada uno debe ser tratado considerando esas diferencias. En un salón de clases, por ejemplo, existen distintos niveles de capacidad y diferentes niveles de diligencia. Si el maestro otorga la misma calificación a todos sin considerar estas diferencias esto sería injusto. Sin embargo, si todos los estudiantes fueran a dar al hospital a causa de un accidente todos deben recibir exactamente el mismo trato.

Partiendo de estos principios, una sociedad justa debe de proporcionar, sin importar la circunstancia, lo suficiente para la vida. Así, en Estados Unidos existe una línea de subsistencia la cual no debe ser traspasada: el derecho a subsistir, a la vida. De ahí parte la filosofía de otorgar subsidios para la comida, el vestido, el alberge, la educación gratuita, la representación legal sin costo, y el auxilio en caso de emergencias médicas, por mencionar los más importantes. Esta es así una línea base de dignidad para cada ser humano y no debería estar tan sólo bajo la responsabilidad exclusiva del gobierno sino también en las manos de muchos otros sectores de la sociedad que gozan de privilegios. Sin embargo —aun así—, es función primordial del gobierno promover las vías adecuadas para que tanto las iglesias, las instituciones de caridad, los negocios y las familias en general puedan ser parte de esta responsabilidad social.

> UNA SOCIEDAD JUSTA DEBE DE PROPORCIONAR LO SUFICIENTE PARA LA VIDA

Luego, el problema estriba en la desigualdad de la riqueza, que los ricos sean más ricos y los pobres más pobres. Y el problema no es tan simple como proporcionar un juego de estadísticas de ingresos, sino de las condiciones provistas para el mejoramiento de la vida de los pobres. Es ahí en donde la intervención del gobierno es vital: salarios justos, oportunidades de acceso a la educación, incentivos para la apertura de negocios pequeños, etc.

La desigualdad siempre existirá y es debatido hasta qué punto debe darse libertad a los ricos para acrecentar esta desigualdad, ya que, ellos argumentan que con su enriquecimiento han beneficiado al pobre también.

La problemática de los indocumentados

La situación es agravada en el caso de los indocumentados, pues éstos son privados de muchos de los beneficios otorgados por el gobierno. Martínez dice: «El futuro inseguro de los indocumentados termina de complicar esta situación por limitar las oportunidades educativas para muchos jóvenes latinos que han vivido toda su vida en este país. También afecta el acceso limitado o inexistente a servicios sociales que confrontan muchos latinos que pagan impuestos» (Martínez, 2008, pp. 33-34). Los estudiantes que logran terminar la educación secundaria tienen el desafío de continuar sus estudios en colegios comunitarios o universidades. En una comunidad en donde la mayoría son inmigrantes indocumentados, la posibilidad es casi nula, puesto que las instituciones educativas requieren de documentaciones oficiales para que el estudiante pueda disfrutar de beneficios económicos.

Además de esto, las familias les presionan para ir en búsqueda de un empleo, por lo que muchos de ellos desertan o abandonan sus estudios. Los pocos que han logrado terminar un grado de bachillerado se colocan en un empleo tan rápido les es posible, por lo tanto, un porcentaje muy mínimo continúa estudiando maestrías y doctorados. Así, la esperanza de muchas familias indocumentadas de salir de la pobreza es desecha.

En los próximos capítulos estaré hablando de lo que dice Dios respecto a la pobreza y del trato de los ricos con los pobres.

EL PLAN REDENTOR

DE DIOS

L A ENSEÑANZA ACERCA DEL TEMA SOCIAL es parte integral de la misión que Dios ha diseñado; ya que su reino, no sólo se ocupa en promover la predicación del evangelio, sino también de los sistemas de convivencia humanos y su interacción. Dentro del cumplimiento de este plan está el abatimiento de la pobreza en el mundo, así que, se manda a los seres humanos a que se equipen y movilicen en esa dirección.

Los temas de los pobres y de la pobreza estás incluidos en la agenda divina. Su plan no sólo consiste en terminar con el pecado (1 Pedro 4:1) y con la enfermedad (1 Pedro 2:24; Isaías 53:5); sino también, el plan de redención comprende en abatir la miseria material de la humanidad (3 Juan 1:2). El ser humano en Cristo es rescatado de la miseria material también.

En este capítulo estaré hablando de cómo en el plan de redención de Dios encajan los temas de los pobres y de la pobreza, y cuál es el papel de la iglesia en este plan. Para ello, examinaré un número de pasajes bíblicos que hablan sobre esto, y así, el corazón de Dios se irá descifrando.

Dios no creó a un hombre miserable

Ciertamente, Dios no creó a un hombre miserable. La Biblia dice que Dios puso al hombre en el huerto del Edén, y ahí él tenía todo lo suficiente para la vida. En el Edén el hombre fue creado a la imagen y semejanza de Dios y no tenía necesidad de nada. El centro de su vida era Dios mismo y su relación con Él lo era todo. No tenía que preocuparse en lo absoluto por su sustento, tan sólo tenía que ir y tomar de todo lo que Dios había creado, lo cual estaba a su total disposición (Génesis 1:29). En el centro del huerto estaba el árbol de la vida (Génesis 2:9), lo cual tenía el fin de que el hombre fuera inmortal. Además, el hombre tenía trabajo (Génesis 2:19) y una familia (Génesis 1:27-28).

La miseria vino después de la caída. El hombre perdió sus privilegios y tuvo que valerse por sí mismo; él había decidido ese camino. Por tanto, la miseria material tiene también su raíz en el pecado. El ser humano fue expulsado del huerto, tuvo que labrar la tierra (Génesis 3:23) y luchar por su supervivencia. El ser humano se enfrentó a un mundo hostil, lleno de cardos y espinos (Génesis 3:18), y pronto aparecieron los primeros registros de violencia entre los seres humanos (Génesis 4:18). Con el tiempo, la tierra, estuvo llena de violencia y se corrompió totalmente (Génesis 6:11). La violencia es el reflejo de las luchas de poder (Santiago 4:1), y esto desencadena el desmembramiento de las clases: pobres y ricos; miserables y opulentos. Nada de esto fue el plan original de Dios, la miseria nunca fue su diseño. Sin embargo, Dios creó también un plan para sacar al ser humano de esa miseria. Esto es parte de la misión universal de Dios.

> LA MISERIA MATERIAL TIENE SU RAÍZ EN EL PECADO

La misión universal de Dios

La misión de Dios es algo universal. Su objetivo es proveer justicia a todas las naciones. Comienza hablando de ello en el llamamiento de Abraham, el cual sería de bendición a todas las naciones. En las Escrituras se devela el carácter de Dios y éste está perfectamente reflejado en su misión. De ello hablan los profetas —los voceros de Dios—; ellos presentan a un Dios en búsqueda constante de justicia dentro de cada sociedad: Él está interesado, no sólo en la moralidad privada de los individuos, sino también en la justicia social en su conjunto (Deiros, 1997).

La misión social de Dios es diametralmente opuesta a mentalidad de las culturas de la tierra a lo largo de la historia humana. En estas últimas se margina a los individuos. Los seres humanos son vistos con desdén por los más fuertes que ellos. En cambio, en las Escrituras se encuentra un cristianismo misericordioso, una forma de vivir totalmente distinta en donde los débiles e indefensos tienen lugar y son protegidos. Ahí los despojados junto al camino son tratados con dignidad y sus heridas son curadas.

La misión de Dios, por lo tanto, está claramente marcada por su actividad en cada una de las facetas de la historia humana. Él quiere rescatarlo de su deshumanización cultural, política, económica y social, todo de la mano con la raíz principal del problema: su miseria espiritual. La misión consiste en una labor teocéntrica, es decir, nace en el corazón de Dios mismo, Él es el fundador y promotor de la obra misionera. En este sentido, Christopher Wright afirma lo siguiente: «Así que, la frase originalmente quiere decir "el envío de Dios" —en el sentido de que el Padre envía al Hijo y ellos envían al Espíritu Santo. Toda la misión humana, en esta perspectiva, es concebida como la participación y extensión de este envío divino» (Wright, 2006, p.63). Por tanto, las misiones se originan en el corazón amoroso de Dios mismo. Un corazón en donde existe un deseo intenso por acabar con la miseria humana, esto también es parte de su plan de redención.

La redención de la miseria humana

La misión de Dios y su plan de redención consiste en una restauración de la relación Dios-hombre, y ésta sólo era posible mediante la encarnación. Era necesario que Dios fuese hecho carne (Juan 1:14), y que Cristo Jesús se hiciera pobre (2 Corintios 2:9); era necesario que Él estuviera en el estado miserable de la raza humana, para restaurarla y sacarla del fango. En el pasado Dios había dado varias oportunidades de restauración: con el diluvio, la humanidad comienza de nuevo, pero se corrompe una vez más; con Israel, Dios hizo un pacto de lealtad, pero Israel lo invalidó (Jeremías 11:10); no obstante, ahora todo es distinto, Dios envió a su Hijo «en semejanza de carne de pecado» (Romanos 8:3), es decir, se somete a las miserias humanas, y termina cargando el pecado de todos los seres humanos (Isaías 53:6), a fin de establecer un nuevo pacto (Hebreos 9:15). Así, bajo los términos de ese nuevo pacto, y mediante el apego a Cristo, el plan de redención de la raza humana tiene todo su cumplimiento.

El cristiano ahora es una nueva creatura (2 Corintios 5:17), y el plan de redención no sólo incluye el perdón de pecados, sino que el hombre tenga siempre «en todas las cosas lo suficiente» (2 Corintios 9:8), que «no tenga necesidad de nada» (1 Tesalonicenses 4:12), y que mediante el trabajo de sus manos tenga «qué compartir con el que padece necesidad» (Efesios 4:28). Sin embargo, en ocasiones, tiene que «padecer necesidad» (Filipenses 4:12), es decir, tiene que padecer como cristiano (1 Pedro 4:12, 16), padecer lo que Cristo padeció (Romanos 8:17; Hechos 14:22). En la lista de las cosas que un cristiano padece — inclusive—, está el hambre (Romanos 8:35; 1 Corintios 4:11; 2 Corintios 11:27); el frío, la desnudez (Romanos 8:35; 2 Corintios 11:27) y la errancia (1 Corintios 4:11). Con todo, la pugna de la iglesia es que no exista ningún necesitado en ella (Hechos 4:34). Y al final, cuando el plan de redención tenga su total cumplimiento, toda miseria y pobreza será eliminada para siempre (Apocalipsis 7:16).

La iglesia como agente misional de Dios

Se puede observar con facilidad —a través de toda la Biblia— el plan que Dios estuvo cumpliendo. Este plan está estrictamente dirigido a alcanzar a una humanidad caída para atraerla a sí mismo. El proceso del plan (el cual aún no ha terminado) está ahora en manos de la iglesia, la cual es el agente de Dios para alcanzar con el evangelio al resto de la humanidad. Respecto a esto Wright comenta: «Finalmente, la narrativa bíblica nos presenta a nosotros mismos como la iglesia que tiene una misión. Como lo indica Lucas 24:45-47, Jesús le confía a la iglesia una misión que está directamente arraigada en su propia identidad, pasión y victoria como el Mesías crucificado y resucitado» (Wright, 2006, p.6).

A través de la Biblia se puede observar de cuando en cuando el desarrollo del plan salvífico de Dios para con la humanidad. Él tiene un propósito claramente definido: su propósito es redentor.

Luego de la caída de Adán (Génesis 3:8-11), se puede ver que — aproximadamente dos mil años más tarde— Dios incluye a Abraham en este plan de redención. Después de Abraham, Dios pone este plan en las manos de Jacob, Judá, David, hasta que llega a Cristo mismo. Finalmente, el plan pasa a manos de la Iglesia. Wright lo sintetiza de este modo: «creación, caída, redención y esperanza futura» (Wright, 2006, p.64).

Todo esto implica que la misión no se origina con los seres humanos, sino que la misión le pertenece a Dios y a su pueblo (Wright, 2006, p.62). La palabra de Dios dice —mediante Pablo— que los que siguen a Cristo son colaboradores con Él (1 Corintios 3:9).

La Biblia es una metanarrativa de este plan redentor, en donde se enmarca la vida humana y su comprensión del mundo (Myers, 2002, p.21). Dentro de esta gran narrativa se encuentra el concepto de misio Dei, en donde Dios involucra a la humanidad en su misión. De ahí se puede decir que la iglesia no solamente está invitada a involucrarse en la misión, sino que tiene la responsabilidad de participar en un plan divino que viene desarrollándose desde antes de la fundación del mundo (Efesios 1:4-5). Dios siempre ha estado en la misión y ningún otro relato (fuera del relato bíblico), lleva a la vida. Este es —el relato bíblico—, en palabras de Myers, «el único que contiene buenas noticias, noticias transformadoras» (Myers, 2002, p.53).

Christopher J.H. Wright sigue diciendo que es necesario partir de una hermenéutica misional:[5] «Toda la Biblia nos proporciona la historia de la misión de Dios mediante su gente, la cual estuvo comprometida con el mundo que Él creó; todo por el bien de ella» (Wright, 2018, p.51).

Por otro lado, también es cierto, que Dios se encarnó y vino —mediante el Hijo— para salvar al ser humano en su totalidad (1 Tesalonicenses 5:23), es decir, no sólo el alma sino también su espíritu y su cuerpo. A Dios le interesa el ser humano completo: su cuerpo y su alimento (Jonás 4:11); su alma y su gracia (Ezequiel 18:4); sus relaciones personales (Mateo 22:39); y su interacción con las estructuras sociales, políticas y económicas (Hechos 24;26). La misión de Dios es salvar a los seres humanos en todo tiempo y en todo lugar (Hechos 17:30).

---

5. Hermenéutica misional se refiere a que la Biblia debe verse bajo el lente de la *misio Dei o* misión de Dios (el plan redentor).

LA AGENDA DEL
SEÑOR JESUCRISTO

CUANDO EL SEÑOR JESÚS VINO por primera vez a esta tierra en el milagro de la encarnación —cosa maravillosa a nuestros ojos— (Mateo 21:4), dice la Biblia que «estando en la condición de hombre se humilló a sí mismo» (Filipenses 2:8). La agenda de redención de Dios incluía que su Hijo se hiciera hombre, que se humillara, que fuera pobre. Él se hizo pobre: «por amor de vosotros se hizo pobre, siendo rico, para que vosotros con su pobreza fueseis enriquecidos» (2 Corintios 8:9). Desde luego que esta riqueza de la que se habla aquí no es exclusivamente material (pues la riqueza del Señor envuelve una gama bastante amplia de aspectos); sin embargo, Cristo mismo experimentó la pobreza material, Él fue pobre. Y padeció en todo «según nuestra semejanza» (Hebreos 4:15), Él supo lo que significa tener necesidad. Esto fue parte de su agenda. En este capítulo estaré analizando los distintos aspectos de la agenda de pobreza del Señor Jesucristo, y cómo esto era importante para la redención.

El ministerio de nuestro Señor Jesucristo

Cuando estuvo en la ciudad en donde creció —Nazaret—, el Señor Jesús empieza a leer una porción del libro de Isaías (Isaías 61:1-2); Él lee precisamente el pasaje que sintetiza su ministerio. Este pasaje es, por decirlo de algún modo, su agenda resumida en seis puntos, Jesús proclamó: «El Espíritu del Señor está sobre mí, Por cuanto me ha ungido para dar buenas nuevas a los pobres; Me ha enviado a sanar a los quebrantados de corazón; A pregonar libertad a los cautivos, Y vista a los cielos; A poner en libertad a los oprimidos; A predicar el año agradable del Señor» (Lucas 4:18-19). De esta manera, es fácil observar que en la agenda misional de Cristo aparecen primero los pobres, luego los quebrantados de corazón, en tercer lugar, los cautivos, en cuarto los ciegos, en quinto los oprimidos y concluye con la predicación del año agradable del Señor.

En la definición etimológica de «pobre», «gr. ptōchos» —como aparece en el texto bíblico—, tenemos: «un pobre e indefenso, alguien que se agacha, que se encorva para pedir, alguien en la pobreza extrema, en el absoluto desamparo, en completa miseria» (Zodhiates, S., 1992). Jesús dedicó la mayor parte de su tiempo a este tipo de personas (Juan 4:40; Mateo 9:35-36). Él se solidariza con ellos y les brinda toda su compasión, en tanto ellos se benefician de su ministerio y echan mano de su misión salvífica, aunque son los más menospreciados de la sociedad. ¡Ellos son los más receptivos y sensibles al mensaje del evangelio! (Marcos 8:2; Mateo 5:3; Lucas 6:20).

En esencia, la misión de Dios consiste en poner en acción todo el significado del evangelio. Esteban Voth señala que los verbos que usa Lucas en relación al ministerio de Jesús están claramente identificados con los débiles (Voth, E., 2007, p.98). Los verbos identificados por Voth son anunciar, proclamar, dar vista, liberar y pregonar. Dichos verbos son muy significativos y destacan el respaldo y trato que Jesús tenía para estos grupos desestimados de su tiempo. Dios, encarnado en Cristo Jesús, tuvo en su agenda a los que en la sociedad son estimados como seres humanos superfluos, es decir, que realmente no son necesarios en el mundo. David J. Bosch comenta al respecto: «No deja de sorprender cuan inclusiva resulta ser la misión de Jesús. Abarca tanto al pobre como al rico, al oprimido como al opresor, al pecador como al devoto» (Bosch, D., 2005, p.46) [Énfasis agregado].

Jesús se rodea de pobres

Dios en Cristo se hermana con la gente marginada de su entorno y tiene piedad de ella. Él nace y crece con múltiples limitaciones económicas. Las Escrituras señalan que Él «se hizo pobre» (2 Corintios 8:9), y murió de una manera miserable (Filipenses 2:8). Jesús, en su ministerio, afirmó que no tuvo «ni donde recostar su cabeza» (Mateo 8:20). El Señor quiso estar cerca de las clases sociales oprimidas y de los menos privilegiados; Él buscó a los pobres y pecadores de la tierra y se entremezcló con ellos. Estuvo con ellos (Lucas 4:18-19), les dedicó tiempo (Juan 4:39-42), los escuchó (Marcos 10:46-52), y se enfocó en sus necesidades (Marcos 8:2). Con ellos comió y compartió la mesa (Lucas 19:1-10); se rodeó de ellos, e inclusive, les sirvió, rompiendo así con las barreras sociales y costumbres de su época (Mateo 9:36; Juan 13:1-17); su misión se realizó derribando muros de hostilidad y barreras entre individuos y grupos (Bosch, D., 2005, p.46).

Cristo, al ser invitado a un banquete y al observar que todos se apresuraban a ocupar los primeros sitios, les refiere una parábola que tiene relación con los pobres. En ella el Señor habla del trato que se debe tener con aquellos menos privilegiados, y luego dice al que le había convidado: «Cuando hagas comida o cena, no llames a tus amigos, ni a tus hermanos, ni a tus parientes, ni a vecinos ricos; no sea que ellos a su vez te vuelvan a convidar, y seas recompensado. Mas cuando hagas banquete, llama a los pobres, a los mancos, los cojos y los ciegos; y serás bienaventurado; porque ellos no te pueden recompensar, pero te será recompensado en la resurrección de los justos» (Lucas 14:12-14).

En otra ocasión vino a Él una mujer pecadora, es decir, una mujer prostituta, quien ungió sus pies y le tocó. El fariseo que comía con Jesús pensó mal de Él, y le descalificó como profeta por dejarse tocar por una mujer de esta índole (Lucas 7:36-39). Es por eso que Jesús había dicho que Él era insultado por sus oponentes, los cuales decían de Él: «He aquí un hombre comilón, y bebedor de vino, amigo de publicanos y de pecadores» (Lucas 7:34). Cristo pasaba tiempo con los marginados y desechados de la sociedad, aquellos pobres que ante los religiosos de su tiempo eran totalmente indignos, asimismo ordena a sus discípulos a ser como Él.

Jesús habló del trato del pobre

Jesús no solo anduvo, compartió la mesa y entabló la mayor parte de sus conversaciones con los pobres, sino que habló del trato que sus seguidores deben darles. Ahora daré tres ejemplos de esto. El primero es la parábola del rico y Lázaro, cuya narración está registrada en Lucas 16:19-31. El Señor Jesús hace un poderoso contraste entre estos dos personajes de la historia. Empieza sin darle siquiera un nombre al rico, es decir, es para Él un desconocido, como dijo en Mateo 25:12 «no os conozco». El rico era un hombre que se deleitaba con lo de esta tierra, pero tenía en poco lo espiritual. Hacía banquetes cada día, y vestía elegantemente. En contraste existe un mendigo, un hombre que yacía a la puerta del rico; a éste el Señor le da un nombre, pues Él le conocía:

se llamaba Lázaro. Luego, el relato habla del paradero eterno de cada uno de ellos: el rico fue a dar al infierno, mientras que el pobre —Lázaro— fue llevado por los ángeles al seno de Abraham. Aquí el Señor infiere cómo se debe tratar a los pobres y miserables, como también lo menciona Pablo: «a los ricos de este mundo manda que no sean altivos... Que hagan bien, que sean ricos en buenas obras, dadivosos, generosos;» (1 Timoteo 6:17ff), pues esta es la manera en que un rico creyente podrá salvarse, pues termina diciendo «... que echen mano de la vida eterna». Aquí, Cristo hace ganar al pobre: «Pero Abraham le dijo: Hijo, acuérdate que recibiste tus bienes en tu vida, y Lázaro también males; pero ahora éste es consolado aquí, y tú atormentado» (v.25).

El segundo ejemplo está en la parábola del buen samaritano, en donde se observa el buen trato que tuvo el rico con el pobre —aunque este rico misericordioso fuera samaritano—. «Vino a él, y viéndole, fue movido a misericordia; y acercándose, vendó sus heridas, echándoles aceite y vino; y poniéndole en su cabalgadura, lo llevó al mesón y cuidó de él» (Lucas 10:33-34). Este hombre, estaba preparado para emergencias, tenía un caballo, y tuvo dinero para dejar al mesonero. Este es el trato que Jesús dice debe dársele al pobre. Finalmente, en Mateo 25 Jesús dice que las buenas obras con los pobres son contadas en la gloria eterna; que ellas son utilizadas para diferenciarnos —siendo ovejas— de los cabritos (v. 32). Cristo pone de relieve que parte esencial de la identidad cristiana es el buen trato con el pobre. Así, en la agenda de Cristo no sólo estuvo andar con los pobres, convivir con ellos en todo momento, brindarles ayuda y predicarles las Buenas Nuevas del evangelio, sino también, Él ordenó a sus seguidores que cuidaran de ellos. Los pobres tienen un lugar de preponderancia en la agenda de Jesús. Esto da lugar a la siguiente sección: la misión de la iglesia con el pobre.

> CRISTO ORDENÓ A SUS SEGUIDORES QUE CUIDARAN DE LOS POBRES

La misión de la iglesia con el pobre

Dios en Cristo se solidariza con la gente marginada de una manera piadosa. Su misión se realizó derribando muros de hostilidad y barreras entre individuos y grupos (Bosch, D., 2005, p.46). Así, la iglesia está llamada a hacer lo mismo. Ella está llamada a responder ante esta problemática de la pobreza, primero tratando de entender sus orígenes y sus motivos, para así encontrar las posibles soluciones y emprender procesos de transformación. Myers afirma: «La manera en que entendemos la naturaleza y las causas de la pobreza es muy importante, porque tiende a determinar cómo respondemos ante ella» (Myers, 2002, p.13). Por tanto, entender lo que la pobreza significa siempre será el primer paso de la iglesia para obedecer cabalmente la orden de Jesús.

La iglesia está llamada a seguir la práctica de la justicia misericordiosa de Dios que afecta a los más débiles de la tierra (1 Juan 3:17-18). Precisamente Dios es el Dios de los pobres (Salmos 68:5). Él vela por los indefensos (Salmos 10:18), por los despojados, por aquellos que están abandonados a un lado del camino (Lucas 10:30-37). Dios es un Dios de amor (1 Juan 4:9-11; Gálatas 2:20; Deuteronomio 7:9), y su justicia emana de ese concepto de amor. Por eso, Él ama a los más débiles, a los despojados y a los tratados injustamente. Dios asimismo demanda de su pueblo ese mismo amor, y esa misma justicia y misericordia (Miqueas 6:8). Esa es la misión que la iglesia debe cumplir.

LA TORÁ Y EL TEMA
DE LA POBREZA

ILES DE AÑOS ANTES DE QUE se promulgaran leyes en el mundo para traer protección y dignidad a los pobres de la tierra, Dios prescribió su pensamiento: la reivindicación y cuidado del pobre, y una justicia social cabal para éste. Dios no condena al pobre, no lo ignora, ni lo menosprecia, más bien, lo pone como pivote del nivel de justicia y equidad entre los pueblos.

Es este capítulo estaré hablando de la solidaridad que Dios muestra a los pobres de la tierra, y cómo es que ordena a los hombres a preocuparse por su bienestar. Y aunque el tema se extiende a través de la Biblia, Dios empieza a poner énfasis desde los primeros cinco libros de la Biblia, la Torá.

La Torá y la preocupación por los pobres

Los primeros cinco libros de la Biblia —Génesis, Éxodo, Levítico, Números y Deuteronomio— forman lo que el judaísmo llama la Torá, palabra que en hebreo significa literalmente «instrucción, doctrina, enseñanza», es decir, la ley. La cosmovisión bíblica desarrolla una diversidad de temas, y entre ellos —especialmente, por aquí tratarlo— el tema de la pobreza. El Dios de la Torá es un Dios bueno y justo. Dios posee los atributos más elevados y entre ellos, la equidad. Asimismo, Él demanda que su pueblo desarrolle ese carácter ético y ecuánime. Ejemplo de ello es lo mencionado en Éxodo 23:6-11: «No pervertirás el derecho de tu mendigo en su pleito. De palabra de mentira te alejarás, y no matarás al inocente y justo; porque yo no justificaré al impío. No recibirás presente; porque el presente ciega a los que ven, y pervierte las palabras de los justos. Y no angustiarás al extranjero, ya que extranjeros fuisteis en la tierra de Egipto. Seis años sembrarás tu tierra, y recogerás su cosecha; mas el séptimo año la dejarás libre, para que coman los pobres de tu pueblo; y de lo que quedare comerán las bestias del campo; así harás con tu viña y con tu olivar».

El pobre estaba autorizado por Dios —y así lo exigía la ley— para entrar a las propiedades de los hacendatarios, a sus campos, sus viñedos y olivares, en el séptimo año, y así recoger una cosecha de lo que ellos no sembraron, el producto de una semilla que ellos no plantaron. Habla también de una justicia imparcial para el pobre, es decir, no era permitido hacer distinción alguna entre un pobre y un rico en el juicio. Los jueces no podían aceptar regalos de los ricos y se debía de dar un trato justo al extranjero que estuviese entre ellos.

La Biblia marca una diferencia entre dos tipos de pobreza: una, la que es resultado de las circunstancias, y otra, la provocada por la explotación humana. La primera puede denotarse como consecuencia de las vicisitudes de la vida del mismo individuo y de las tragedias de una comunidad completa. Deuteronomio 15:11 dice: «Porque no faltarán menesterosos en medio de la tierra...»; y en el mismo versículo ordena: «... Abrirás tu mano a tu hermano, al pobre y al menesteroso en tu tierra». Sin embargo, en las Escrituras se habla mucho más del segundo tipo de pobreza: la que es resultado de la explotación humana.

La Torá señala a las viudas y a los huérfanos, y a los débiles

En la Torá —y en muchas otras porciones de las Escrituras— las viudas y los huérfanos son prototipos de una condición vulnerable que conlleva a la pobreza. A los más pudientes se les exhorta a satisfacer las necesidades de este sector de la sociedad, a fin de que estos últimos puedan salir adelante y tengan la posibilidad de vivir un estilo de vida digno. Las viudas y los huérfanos también sirven de ejemplo para la mención del segundo tipo de pobreza: la resultante de la explotación de los débiles. Es decir, se refiere al empobrecimiento debido a la explotación totalmente injusta de aquellos que sustentan el poder.

Las Escrituras condenan la práctica del enriquecimiento que tiene como punto de partida la ambición desmedida de hombres avaros que se aprovechan de la situación de las viudas y los huérfanos, y de los débiles y marginados de la tierra.

A Dios le interesa la necesidad particular del individuo (Deuteronomio 15:11; 24:19-21). Es por ello que las viudas, los huérfanos, los extranjeros y los débiles debían de tener un trato preferencial. No debían de ser tratados como el resto de la población, sino Dios se encargó de prescribir leyes acerca de ellos. Leyes que muestran su justicia y compasión.

Desde el pentateuco —La Torá— Dios señala a las viudas y a los huérfanos (y también a los extranjeros) como los sectores vulnerables de la sociedad y les ofrece toda su compasión. Mientras que para aquellos que cayeren bajo su vara justiciera por causa de ofrecer sacrificio a dioses extraños dice: «Y mi furor se encenderá, y os mataré a espada, y vuestras mujeres serán viudas, y huérfanos vuestros hijos» (Éxodo 22:24), ofrece toda su ayuda y apoyo compasivo para ellos.

Medidas de Dios para aliviar la pobreza

En los primeros cinco libros de la Biblia, Dios ofrece principios que tienen como finalidad minimizar y hasta eliminar la pobreza entre su pueblo. Algunos ejemplos son los siguientes:

⇒ El estado de indigencia: El Creador de la humanidad siente compasión por los más necesitados, aquellos que caen en alguna calamidad que les obligue a un estado de penosa indigencia, pues dice: «Y cuando tu hermano empobreciere y se acogiere a ti, tú lo ampararás; como forastero y extranjero vivirá contigo. No tomarás de él usura ni ganancia, sino tendrás temor de tu Dios, y tu hermano vivirá contigo» (Levítico 25:35-36). Es decir, cuando el hermano —independientemente de la razón por la que se haya empobrecido— se acercare a otro israelita, éste estaba obligado por la ley a ayudarle y jamás debía aprovecharse de su estado lastimoso.

⇒ Dios aboga por los salarios justos: En Deuteronomio 24:14-15 Dios aboga por el pago justo y a tiempo del jornal, pues dice: «No oprimirás al jornalero pobre y menesteroso, ya sea de tus hermanos o de los extranjeros que habitan en tu tierra dentro de tus ciudades. En su día le darás su jornal, y no se pondrá el sol sin dárselo; pues es pobre, y con él sustenta su vida; para que no clame contra ti a Jehová, y sea en ti pecado».

⇒ Todos —sin excepción— debían de descansar: dice Éxodo 23:12: «Seis días trabajarás, y al séptimo día reposarás, para que descanse tu buey y tu asno, y tome refrigerio el hijo de tu sierva, y el extranjero.

⇒ No tomar usura del pobre: otra medida para abatir la pobreza era no tomar usura ni interés de los préstamos. Éxodo 22:25 dice:

«Cuando prestares dinero a uno de mi pueblo, al pobre que está contigo, no te portarás con él como logrero, ni le impondrás usura. El pasaje de Levítico 25:36-37 es paralelo, y agrega: «No le darás dinero a usura, ni tus víveres a ganancia», esto es un imperativo moral. En estos pasajes se prohíbe maltratar al pobre imponiéndole intereses sobre su deuda. De esta manera, el que tenía dinero beneficiaría al necesitado. Si el pobre recibía un préstamo personal estaba protegido por la ley para no pagar intereses, de manera que así enriqueciera al prestamista. Asimismo, estaba calendarizado un tiempo para perdonar las deudas.

⇒ La ley exigía prestar al pobre cuando éste lo solicitara: cada persona dentro del pueblo de Dios estaba obligado a prestar al pobre todo el dinero que necesitara, aun y estuviese cerca el año del perdón de todas las deudas (Deuteronomio 15:1). Deuteronomio 15:7-10 dice: «Cuando haya en medio de ti menesteroso de alguno de tus hermanos en alguna de tus ciudades, en la tierra que Jehová tu Dios te da, no endurecerás tu corazón, ni cerrarás tu mano contra tu hermano pobre, sino que abrirás a él tu mano liberalmente, y en efecto le prestarás lo que necesite. Guárdate de tener en tu corazón pensamiento perverso, diciendo: Cerca está el año séptimo, el de la remisión, y mires con malos ojos a tu hermano menesteroso para no darle; porque él podrá clamar contra ti a Jehová, y se te contará como pecado. Sin falta le darás, y no serás de mezquino corazón cuando le des; porque por ello te bendecirá Jehová tu Dios en todos tus hechos, y en todo lo que emprendas».

⇒ La recuperación de la dignidad: El año sabático, es decir, el año en que las labores estaban libres para la entrada del pobre y menesteroso de la tierra para espigar, habla no sólo de la preocupación de Dios por proveer recursos al pobre, sino de que éste recuperara su dignidad. Así, también en Deuteronomio 24:17-21 dice que el terrateniente debía tener consideración de los extranjeros, de los huérfanos y las viudas. Aquel debía de dejar año con año algo de la cosecha para que éstos la recogiesen. Respecto a esto Voth comenta: «Pero también es necesario señalar que en esta legislación estaba implícita la posibilidad de trabajo. "Espigar" un campo y "recoger" las uvas caídas eran trabajo, no limosna, y el trabajo es esencial para la dignidad de una persona. Una vez más el texto nos confronta con una respuesta integral. No se trata solamente de dar de comer, sino de proveer un contexto en donde el ser humano puede recuperar su dignidad» (Voth, 2001, pp.81-82).

A través de muchos pasajes del pentateuco, Dios instruye a los seres humanos a valorizarse unos a otros; nadie tenía derecho a ser discriminado por su situación económica (Deuteronomio 16:14; 6: 10:17-21). En la siguiente sección hablaré sobre el trato que debe de darse al inmigrante según la Torá.

La Torá y el trato del inmigrante

La Torá dicta también un trato digno y justo para inmigrante; tanto, que la misma justicia aplicada a los nacionales de Israel debería de aplicarse a ellos. El libro de Levítico menciona, por ejemplo, lo siguiente: «Cuando el extranjero morare con vosotros en vuestra tierra, no le oprimiréis. Como a un natural de vosotros tendréis al extranjero que more entre vosotros, y lo amarás como a ti mismo; porque extranjeros fuisteis en la tierra de Egipto. Yo Jehová vuestro Dios» (Levítico 19:33-34). Esta es una maravillosa provisión de Dios a favor del inmigrante. Israel debía de tratar al extranjero sin discriminación alguna, le debía tratar «como a sí mismo», es decir, con el mismo trato que se trataría a un amigo nacional. Ellos debían de recordar lo aprendido de su padecimiento en Egipto; es por ello que Dios les recuerda: «porque extranjeros fuiste en la tierra de Egipto».

> DIOS SEÑALA A LAS VIUDAS Y A LOS HUÉRFANOS

Israel debía de practicar la misericordia con el inmigrante y traer a su memoria el maltrato y la esclavitud de que fueron objeto en Egipto, ellos no podían mostrar el mismo comportamiento de los egipcios. Todos los criterios posteriores harán una permanente referencia a la situación que ellos vivieron (Éxodo 1:8-22). En medio del sufrimiento, el pueblo gritó de dolor, y sus gritos llegaron a los oídos de Dios; fue entonces que Él se dispuso a atenderlos y liberarlos (Éxodo 2:23-25). La liberación de Dios mediante Moisés fue la prueba irrefutable del amor y de la predilección de Dios por los excluidos y marginados.

El extranjero, inclusive, podría ser contado como parte del pueblo de Dios si se circuncidaba y adoraba solamente al Dios vivo y no a otros dioses. Este era el único requisito para convertirse en israelita, pues la Escritura dice: «Mas si algún extranjero morare contigo y quisiere celebrar la pascua para Jehová, séale circuncidado todo varón, y entonces la celebrará, y será como uno de vuestra nación; pero ningún incircunciso comerá de ella» (Éxodo 12:48).

El año del jubileo

Existe en Éxodo 22:25-27 un imperativo moral. En este pasaje se detalla el trato humanitario que debía manifestarse al pobre en relación a los préstamos. El prestamista no podía ser un avaro usurero, opresor del pueblo de Dios. Le era prohibido hacerse rico mediante el cobro de intereses, pues esto es desagradable a los ojos de Dios. El Señor no prohibía completamente el cobro de intereses, pero sí prohibía que esto fuera aplicado al pobre. Cualquiera que practicara esto pecaba contra Dios. Similarmente, cuando el prestamista hubiere tomado prenda del pobre, es decir, en garantía. Debía devolvérsela el mismo día, «a la puesta del sol se lo devolverás... Porque sólo eso es su cubierta, es su vestido para cubrir su cuerpo. ¿En qué dormirá? Y cuando él clamare a mí, yo le oiré, porque soy misericordioso».

El año séptimo era el año de la remisión, el año de la absolución de deudas. Cualquiera que tenía alguna deuda con su prójimo, al llegar ese año, ésta le sería cancelada. Si un pobre venía con su hermano para solicitarle un préstamo, por ejemplo, unos meses antes de llegarse el año de la remisión, este último estaba obligado por la ley a prestarle gustosamente lo que su hermano necesitase, aun sabiendo que era más bien como estarle regalando el importe del préstamo. Eso tiene relación con el salmo que dice: «El impío toma prestado y no paga; Mas el justo tiene misericordia y da» (Salmos 37:21).

Se puede observar a un Dios todavía más generoso y considerado con los pobres y miserables de la tierra en el año de jubileo. En el capítulo veinticinco de Levítico se registra la explicación del año del jubileo, el año cincuenta, contados a partir de la entrada del pueblo de Dios a la tierra prometida. El año del jubileo era el año de la liberación de los esclavos. La tierra descansaba, no debía sembrarse ni segarse en ese año. Era un año de fiesta, de alegría y de fe. Los que habían comprado tierra a su prójimo o que la habían tomado en pago a alguna deuda, en el año de jubileo la recobraban, pues Dios dice: «La tierra no se venderá a perpetuidad, porque la tierra mía es; pues vosotros forasteros y extranjeros sois para conmigo» (Levítico 25:23).

El año del jubileo era otra manera en que Dios administraba justicia a su pueblo; en Levítico 25:10-13 se lee lo siguiente: «Y santificaréis el año cincuenta, y pregonaréis libertad en la tierra a todos sus moradores; ese año os será de jubileo, y volveréis cada uno a vuestra posesión, y cada cual volverá a su familia. El año cincuenta os será jubileo; no sembraréis, ni segaréis lo que naciere de suyo en la tierra, ni vendimiaréis sus viñedos, porque es jubileo; santo será a vosotros; el producto de la tierra comeréis. En el año de jubileo volveréis cada uno a vuestra posesión».

La importancia de esta institución es notable, pues traía grandes beneficios morales y sociales a la comunidad: primero, se evitaba la acumulación de tierras en manos de unos cuantos (en perjuicio de la comunidad en su conjunto); segundo, se combatía la pobreza absoluta, porque era imposible que alguien naciera sin heredar su parte de la tierra; y finalmente, se impedían las desigualdades, es decir, que prevaleciera el dominio de alguno sobre su prójimo. De esta manera se combatía la esclavitud y la pobreza.

Lo comentado en este capítulo tan solo son algunos ejemplos registrados en el pentateuco en donde se puede observar con claridad el corazón de Dios respecto a los pobres, las viudas, los huérfanos, los extranjeros y los necesitados de la tierra. No es la voluntad de Dios que su pueblo viva en miseria, Él tiene para todos el año de jubileo, tal y como lo dijo Jesús cuando dio a conocer la agenda de su ministerio: «El Espíritu del Señor está sobre mí, Por cuando me ha ungido para dar buenas nuevas a los pobres... [y al final dice:] A predicar el año agradable del Señor» (Lucas 4:18-19). ¡Gloria a Dios!

DIOS COMO DEFENSOR
DE LOS POBRES

N ESTE CAPÍTULO SEGUIRÉ ANALIZANDO pasajes bíblicos que hablan sobre el tema de los pobres. Ahora con un ángulo distinto: Dios mismo se presenta como el defensor de los pobres de la tierra.

Cristo Jesús dijo: «Siempre tendréis a los pobres con vosotros» (Marcos 14:7), da con esto a entender que la humanidad siempre tendría gente necesitada a la cual habría que auxiliar. Ellos tienen quien les defienda: Dios mismo. Él es el Salvador de los pobres, pues la Escritura dice: «Tendrá misericordia del pobre y del menesteroso, y salvará la vida de los pobres» (Salmos 72:13).

Dios escucha el clamor del pobre

Moisés presenta a Dios como el libertador de los pobres y oprimidos. En Éxodo 3:7-10 Dios dice: «Bien he visto la aflicción de mi pueblo que está en Egipto, y he oído su clamor a causa de sus exactores; pues he conocido sus angustias, y he descendido para librarlos de mano de los egipcios, y sacarlos de aquella tierra a una tierra buena y ancha, a tierra que fluye leche y miel, a los lugares del cananeo, del heteo, del amorreo, del ferezeo, del heveo y del jebuseo. El clamor, pues, de los hijos de Israel ha venido delante de mí, y también he visto la opresión con que los egipcios los oprimen. Ven, por tanto, ahora, y te enviaré a Faraón, para que saques de Egipto a mi pueblo, los hijos de Israel».

Se pueden observar varias cosas importantes en este pasaje: en primer lugar, Dios se entera de los sufrimientos de su pueblo. En segundo lugar, Dios desciende para encargarse de su liberación; y, en tercer lugar, Él comisiona a un ser humano para que sea su agente en tal liberación. De todo esto se puede concluir que Dios está totalmente inmerso en el propósito de la liberación de su pueblo pobre y oprimido en Egipto.

La liberación del pueblo de Dios de Egipto es un asunto de fe. Existe el antecedente de un pueblo oprimido por la esclavitud, y un pueblo que clama a Él debido a sus opresores. Aquí se observa a un pueblo que cree que Dios, el Dios de Abraham, Isaac y Jacob, les puede traer libertad de su ruin situación y de todos sus sufrimientos. Ante ello, Dios decide bajar a libertarlo, pero no lo hará sino mediante los actos de fe de un ser humano. Así, el Señor preparó a Moisés y lo convierte en su siervo, para que por medio de este instrumento, Él cumpla su plan libertador. El Dios que aquí se manifiesta es un Dios que escucha el clamor de los oprimidos, y actúa a favor de ellos. El hombre que conoce y cree en este Dios recibe como don y tarea la misión de colaborar con Él para que esta liberación ocurra.

Dios promulga una ley en el desierto para defender al pobre

Luego que el pueblo fue liberado, Dios se ocupa en promulgar una ley que hiciera de su pueblo una sociedad justa. Dios estableció su ley para que esta fuera una constitución política para el pueblo de Israel. Más adelante, cuando el pueblo de Dios hubo entrado a la tierra prometida, y habiendo pasado por el período de los jueces, algunos de sus reyes ignoraron la ley de Moisés, aquella que fue promulgada en el Sinaí, y muchas veces la quebrantaron (Jeremías 22:1-30); pero el Señor no deroga su ley, pues esta ley está en favor de los débiles.

Esta ley divina es un llamado al pueblo de Dios por velar a favor de los débiles y de todos aquellos en condiciones desfavorables, de todos los que no pueden sostenerse por sí mismos. Deuteronomio 14:22 dice: «Y vendrá el levita, que no tiene parte ni heredad contigo, y el extranjero, el huérfano y la viuda que hubiere en tus poblaciones, y comerán y serán saciados; para que Jehová tu Dios te bendiga en toda obra que tus manos hicieren». Se trataba ahí de una sociedad agrícola en donde el producto de la tierra debía compartirse con los necesitados. El pueblo no debía de olvidar este segmento desprotegido de la sociedad, sino más bien, era su deber compartir lo suyo con él. También Deuteronomio 10:17-19 dice: «Porque Jehová vuestro Dios es Dios de dioses y Señor de señores, Dios grande, poderoso y temible, que no hace acepción de personas, ni toma cohecho; que hace justicia al huérfano y a la viuda; que ama también al extranjero dándole pan y vestido. Amaréis pues al extranjero; porque extranjeros fuisteis en la tierra de Egipto».

En este último pasaje Dios no sólo revela su preocupación por los desafortunados, sino que enfatiza su moralidad. Con Dios no hay favoritismo ni acepción de personas. Él demuestra su compasión y favor con todas sus leyes, y con todas sus obras. Respecto a esto Aurelio Magariño afirma: «Hay que tomar en cuenta que tanto el huérfano, la viuda y el inmigrante carecen de protección contra la usurpación de sus derechos, por eso Dios, en su misericordia, hace provisiones para que ellos sean protegidos del abuso y el maltrato que resultan de la usurpación de sus derechos».

El «seguro social» de Dios

Dios se preocupa por todos aquellos que no tienen una red familiar que los acoja. Él quiere que todo su pueblo tenga una vida digna. De ello Voth afirma: «En las sociedades tradicionales, la red de parentesco era la clave en cuanto al "seguro social". Dios está extremadamente preocupado por aquellos que han perdido su seguro social, y por ende su lugar de pertenencia en la sociedad» (Padilla, R. (Ed) at al, 2001, p.83). Así, Dios estableció el modo de hacer justicia al pueblo de Israel. Ellos debían manifestar esta justicia con los más vulnerables. Este «seguro social» consistía en proveerles una estructura familiar que les protegiera.

En Salmos 113:7 se lee: «Él levanta del polvo al pobre, Y al menesteroso alza del muladar». Aquí se presenta un Dios que se inclina para dar de comer al hambriento, proteger al extranjero, y sostener al huérfano y a la viuda. Respecto a esto Stott observa:

> «Esa es la clase de Dios que es. No hay otro Dios como él.
> Pues no es principalmente con los ricos y los famosos con
> quienes prefiere fraternizar. Lo característico de Él es que
> defiende a los pobres, los rescata de la miseria y los
> transforma de mendigos a príncipes» (Stott, 1995).

El sentir de Dios expresado en los Salmos y los Proverbios respecto al pobre

En los Salmos se da a conocer el sentir de Dios respecto al dolor de los seres humanos más afligidos de la tierra: «Bienaventurado el que piensa en el pobre; en el día malo lo librará Jehová» (Salmos 41:1). El salterio (la colección de los salmos), pone en sintonía lo divino con lo humano y revela que los seres humanos no pueden vivir sin Dios, quien es rico en misericordia.

En Salmos 72:1-4 se lee: «Oh Dios, da tus juicios al rey, Y tu justicia al hijo del rey. El juzgará a tu pueblo con justicia, Y a tus afligidos con juicio. Los montes llevarán paz al pueblo, Y los collados justicia. Juzgará a los afligidos del pueblo, Salvará a los hijos del menesteroso, Y aplastará al opresor». En este pasaje el salmista hace mención de los afligidos, de los menesterosos; de un Dios que hará justicia en favor de los indefensos, de los que no tienen voz: los oprimidos, afligidos y humillados. Les da esperanza, les dice que un día llegará su liberación, que Dios les dará salvación y juzgará duramente a los opresores. En el mismo salmo prosigue declarando: «Porque él librará al menesteroso que clamare, Y al afligido que no tuviere quien le socorra. Tendrá misericordia del pobre y del menesteroso. Y salvará la vida de los pobres. De engaño y de violencia redimirá sus almas, Y la sangre de ellos será preciosa ante sus ojos» (Salmos 72:12-14). Este salmo es considerado un salmo mesiánico; en él, el Rey es compasivo y misericordioso, y se apiada de los más vulnerables de su reino. Las características de su reinado son: la justicia (v.1); la rectitud (v.2); y el dominio (v.8); cosas que o están ausentes o son bastante débiles en los gobiernos de la tierra hoy.

La poesía hebraica divinamente inspirada continúa en el libro de los Proverbios: «No sea que bebiendo olviden la ley, Y perviertan el derecho de todos los afligidos» (31:5). Luego continúa diciendo: «Abre tu boca por el mudo. En el juicio de todos los desvalidos. Abre tu boca, juzga con justicia, Y defiende la causa del pobre y del menesteroso» (31:8-9).

En estos textos se exhorta al rey a no descuidar sus obligaciones reales con respecto a los oprimidos. El rey debía ser un benefactor, aquel que administrara el poder con justicia y a favor de los desvalidos. Debería ser aquel que juzgara con imparcialidad en todos los juicios. En el versículo de Proverbios 31:9 se exhorta a todos los poderosos a brindar ayuda a todo aquel que por alguna razón fuese incapaz de apelar o defender su propia causa.

El Rey Jesús, el Rey que juzga la causa justa

En Isaías 11 se menciona a este Rey, el Mesías prometido. Aquel que, «juzgará con justicia a los pobres, argüirá con equidad por los mansos de la tierra; y herirá la tierra con la vara de su boca, y con el espíritu de sus labios matará al impío» (11:4). Jesús es ese Rey justo, el Mesías prometido, que juzgaría con justicia la causa de los pobres, aquellos que son oprimidos por el impío.

En el Nuevo Testamento se puede observar la actitud misericordiosa y compasiva de Jesús hacia los necesitados, los pobres y los pecadores de su entorno. Él no fue un asceta, aislado de su comunidad; más bien, Él quiso tener una cercanía especial con las clases sociales oprimidas y menos favorecidas de su tiempo. Su ministerio itinerante significó un cuidado pastoral para ellos; pues las Escrituras dicen: «Recorría Jesús todas las ciudades y aldeas» (Mateo 9:35).

Cristo Jesús llevó a cabo un ministerio muy activo en cuatro áreas esenciales: recorría, enseñaba, predicaba y sanaba. Y este ministerio era especialmente una bendición muy extendida entre aquellos que lo habían perdido todo: su dinero, sus fuerzas, su salud y toda su esperanza. Asimismo, Jesucristo es también el emigrante divino, «el paradigma más hermoso de la inmigración en el descenso kenótico del Hijo de Dios. Él cruza las fronteras entre el cielo y la tierra para salvar a los de este lado» (Arregin, 1984). Cristo vino a cumplir una misión: buscar y salvar lo que se había perdido (Lucas 19:10).

> AUNQUE LOS POBRES SON MUCHAS VECES OLVIDADOS POR EL MUNDO, NO SON OLVIDADOS POR DIOS

La pobreza y el mensaje de los profetas

Aunque los pobres son muchas veces olvidados por el mundo, no son olvidados por Dios. Es verdad que la pobreza puede ser resultado del pecado, de la pereza o de las actitudes incorrectas del ser humano (Proverbios 19:15; 20:13; 21:17), sin embargo, en la Biblia se enseña que muchas veces lo que más contribuye a la pobreza es la injusticia. Es allí en donde los libros proféticos adquieren mayor relevancia debido a su recurrente mención. Voth escribe: «En relación con esto, los profetas desafiaban por igual tanto a los líderes religiosos como a los que tenían el poder político. Uno de los asuntos que más ocupaba al profeta era el tema de la justicia. A diferencia de la literatura de sabiduría, para el profeta la verdadera causa de la pobreza residía en la presencia de la injusticia» (Padilla et all, 2001, p.88). Es así, como parte del mensaje de los profetas era denunciar la opresión que sufrían los más frágiles y vulnerables de la sociedad por causa de las diferencias y desigualdades entre los ricos y los pobres.

Los profetas presentan la verdadera causa de la pobreza como una idolatría: el amor al dinero. Es decir, cuando unos cuantos se apoderaban de las riquezas, y en su insensatez, éstos se negaban a compartirlas con los demás. Esto resulta en una ceguera infame ante la miseria humana. Así, se produce un desbalance en la distribución de los recursos y un vicio denigrante: hacer comparaciones respecto a qué y cuánto uno posee.

La idolatría de las riquezas crea personas egoístas y sin sentimientos. Personas materialistas y que —teniendo el poder para ello— pisotean los derechos de otros seres humanos, y comenten actos desagradables delante del Señor. El apego a las riquezas es un obstáculo para seguir a Jesús y entrar al reino de Dios (Marcos 10:21-24). Algunos claros ejemplos respecto a esto son: el rico insensato y egoísta, cuya historia se narra en Lucas 12:16-18; el rico y Lázaro (Lucas 16:19-31); y lo que Satanás usó para tentar a Cristo (Mateo 4:8-9).

El maltrato de los pobres y la falsa religiosidad provocan el juicio de Dios. La injusticia hacia el pobre es un acto muy serio y grave delante de los ojos de Dios. El abuso del poder, la explotación de los trabajadores y la promoción del uso desmedido e injusto de las riquezas son actos que Dios no tolera ni aprueba (Éxodo 22:25; Deuteronomio 24:14; Job 29:12, etc.).

El mensaje profético denuncia la injusticia

Una gran parte del contenido del mensaje profético está concentrado en denunciar el pecado de los poderosos y demandar justicia para el pobre, el huérfano y la viuda. Uno de los profetas que denuncia las injusticias sociales del pueblo de Judá y de Israel fue Amós.

Amós fue un campesino de Tecoa (vea Amós 1:1), una región de Judá muy cercana a la frontera con el reino del norte (Israel). Él declara: «No soy profeta, ni soy hijo de profeta, sino que soy boyero, y recojo higos silvestres» (Amós 7:14). Las palabras de Amós no son agradables a los oídos de los poderosos. El reino del norte estaba en un aparente apogeo y en prosperidad económica. Tan sólo un pequeño grupo se había enriquecido al explotar a una multitud empobrecida y despojada.

En Samaria, los poderosos estaban acomodados en casas lujosas y muy ostentosas. Llevaban una vida placentera, se habían olvidado de los graves problemas que vivía el país (Amós 3:15-4:1; 6:1-7) y se ocupaban en oprimir a los débiles (Amós 5:7-13). En medio de este ambiente tan contrastante entre ricos y pobres, el profeta Amós grita y denuncia: «Ustedes vendieron por dinero al justo, y al pobre por un par de zapatos» (Amós 2:6); «pisotean en el polvo de la tierra las cabezas de los desvalidos, y tuercen el camino de los humildes» (2:7); y «reciben cohecho, y en los tribunales hacen perder la causa de los pobres» (5:12). Las acusaciones de este profeta campesino son duras contra aquella sociedad. Amós les dice: «Prepárate, para venir al encuentro de tu Dios, oh Israel» (4:12). Dios le revela al profeta que el tiempo de un juicio inminente viene, y que la casa de Israel tiene que rendir cuentas ante su Creador. Sin embargo, ellos continuaban así, su prosperidad material les había entorpecido el corazón y se negaban a arrepentirse de los actos injustos que había cometido —y seguían cometiendo— en contra de los marginados.

El profeta Isaías denuncia la religiosidad sin cuidado del pobre

El profeta Isaías también denuncia a un pueblo que se había enriquecido; que ofrece sacrificios costosos a Dios en tanto que oprime y agravia a los débiles: «¿Para qué me sirve, dice Jehová, la multitud de vuestros sacrificios? Hastiado estoy de holocaustos de carneros y de sebo de animales gordos; no quiero sangre de bueyes, ni de ovejas, ni de machos cabríos. ¿Quién demanda esto de vuestras manos, cuando venís a presentaros delante de mí para hollar mis atrios? No me traigáis más vana ofrenda; el incienso me es abominación; luna nueva y día de reposo, el convocar asambleas, no lo puedo sufrir; son iniquidad vuestras fiestas solemnes. Vuestras lunas nuevas y vuestras fiestas solemnes las tiene aborrecidas mi alma; me son gravosas; cansado estoy de soportarlas. Cuando extendáis vuestras manos, yo esconderé de vosotros mis ojos; asimismo cuando multipliquéis la oración, yo no oiré; llenas están de sangre vuestras manos. Lavaos y limpiaos; quitad la iniquidad de vuestras obras de delante de mis ojos; dejad de hacer lo malo; aprended a hacer el bien; buscad el juicio, restituid al agraviado, haced justicia al huérfano, amparad a la viuda» (Isaías 1:11-17).

En este pasaje Dios dice que está harto de tanta religiosidad corrupta dentro de su pueblo (Isaías 1:11), y rechaza tanto las personas como sus ofrendas. El tono de la voz de Dios es cada vez más severo, hasta que dice: «llenas están de sangre vuestras manos» (Isaías 1:15). El primer capítulo del libro de Isaías contiene una gran acusación: Dios expone a la luz pública —por medio del profeta— la falsa religiosidad del pueblo y le hace un llamado urgente al arrepentimiento genuino. Él ofrece misericordia, perdón y bendición a quien acuda a este llamado. Myers comenta: «Las historias de los profetas nos cuentan mucho de cómo Dios ve el pecado y su impacto, y sirven para recordarnos lo que Dios quiere en la creación además de lo que Él planea hacer» (Myers, 2002, p.34).

Isaías fue un firme opositor de la política de alianza de los reyes de Judá. Él les llamó a confiar en la alianza con Dios. Profetizó durante la crisis causada por la expansión del Imperio Asirio, y durante ese tiempo —un tiempo de vasallaje, con breves períodos de paz—, vivió muy de cerca de los reyes y del pueblo de Israel. Como todo profeta del pueblo, Isaías vivió intensamente todos los episodios de la vida del país: las guerras, las alianzas y las injusticias sociales de los poderosos entre el pueblo de Judá. Con sus oráculos, el profeta Isaías —como portavoz de Dios— busca provocar al arrepentimiento y a la conversión (Isaías 1:17). La opresión de los ricos sobre los pobres es abominación delante de Dios (Isaías 3:13-15; 10:1; 11:1-9).

En el oráculo dirigido al pueblo, Isaías denuncia: «Buscad el juicio, restituid al agraviado, haced justicia al huérfano, amparad a la viuda» (Isaías 1:17). Con ello, el profeta hace notar que el pueblo se había olvidado de practicar las leyes morales y civiles a favor de la población más vulnerable. El arrepentimiento del pueblo tenía que ser integral. Por un lado, debían dejar de hacer el mal, pero por otro, debían comenzar a hacer lo bueno. Este arrepentimiento debía reflejarse en su trato justo con la población desprotegida y vulnerable.

Jeremías denuncia las acciones injustas del rey y su familia

Jeremías fue uno de los profetas más grandes del Antiguo Testamento. Nación en el seno de una familia sacerdotal, en Anatot, una ciudad al noroeste de Jerusalén. Su ministerio profético tuvo como escenario geográfico la tierra de Judá durante los reinados de cuatro reyes. De él se puede escuchar un grito que resuena: «¡Ay del que edifica su casa sin justicia, y sus salas sin equidad, sirviéndose de su prójimo de balde, y no dándole el salario de su trabajo! Que dice: Edificaré para mí casa espaciosa, y salas airosas; y le abre ventanas, y la cubre de cedro, y la pinta de bermellón. ¿Reinarás, porque te rodeas de cedro? ¿No comió y bebió tu padre, e hizo juicio y justicia, y entonces le fue bien? Él juzgó la causa del afligido y del menesteroso, y entonces estuvo bien. ¿No es esto conocerme a mí? Dice Jehová. Mas tus ojos y tu corazón no son sino para tu avaricia, y para derramar sangre inocente, y para opresión y para hacer agravio» (Jeremías 22:13-17).

Jeremías denunció al rey y su familia, quienes había agrandado y embellecido su casa por medios injustos (Jeremías 22:13-14). Los condenó por tener una actitud indecorosa (Jeremías 22:16-17) aprovechándose de los débiles, y por llevar una vida de lujos mediante el uso de los fondos del reino, en lugar de administrarlos justa y sabiamente. Algo similar ocurre —y siempre ha ocurrido— con los gobiernos de los países del mundo.

En estos pasajes bíblicos se puede ver, una vez más, las denuncias de Dios en contra de la discriminación de los pobres, actitud producto de la opulencia de las clases altas y opresoras, quienes únicamente buscaban el beneficio propio y se enriquecían a costa de los indefensos de la sociedad (Jeremías 22:17).

Miqueas reprende duramente las acciones de los codiciosos

Miqueas fue otro de los profetas que denunció las acciones injustas del pueblo de Dios. En sus oráculos predice la caída de Samaria, y también señala duramente los pecados de Jerusalén en los días del rey Ezequías. La opresión de los pobres era uno de los pecados de Judá. Y ellos, aunque rehusaban escuchar el mensaje del profeta, no podría callarle: «¡Ay de los que en sus camas piensan iniquidad y maquinan el mal, y cuando llega la mañana lo ejecutan, porque tienen en su mano el poder! Codician las heredades, y las roban; y casas, y las toman; oprimen al hombre y a su casa, al hombre y a su heredad» (Miqueas 2:1-2).

Miqueas reprocha a quienes aman el dinero y roban las heredades y casas de los demás. En sus camas, estas personas codiciosas maquinaban robar a la gente ordinaria del pueblo. Así, el castigo de Dios fue arrebatarles la tierra prometida mediante un ejército invasor. La élite poderosa «tenía en su mano el poder» (Miqueas 2:1). De continuo ellos pensaban hacer mal a sus hermanos hasta el punto de sobornar al sistema jurídico para que los desprotegidos perdieran sus hipotecas en juicios injustos, así los jueces fallaban a favor de los poderosos. El sistema estaba totalmente corrupto.

Por todo lo visto en este capítulo se puede ver que siempre la intención de Dios a favor de los desprotegidos es imperativa y no se debe aplazar. Si no se acata su orden su ira se desatará. De la misma manera, el tema de la pobreza en el contexto de la misión de Dios no se puede obviar ni eludir de forma irresponsable. La iglesia está llamada a preocuparse y ocuparse de la tan noble y hermosa obra de atender a las necesidades de los débiles.

DIOS ESTÁ EN CONTRA DE LA IMPARCIALIDAD Y EL FAVORITISMO

STE CAPÍTULO —ASÍ COMO LOS SIGUIENTES DOS que le siguen— está basado mayormente en la epístola del apóstol Santiago. En ella se expone con claridad que Dios está en total contraposición de la diferencia de clases; porque cuando se hacen estas distinciones, se cae inmediatamente en una serie de injusticias que Dios reprueba.

Varias porciones más o menos extensas de la epístola de Santiago hablan con mucha claridad sobre el tema de la pobreza y de las posesiones materiales. El apóstol les habla a los pobres, pero también a los ricos. Y como siervo de Dios, no tapa su boca ante las injusticias y abusos que éstos últimos han cometido. Su voz es parecida a la de los profetas del Antiguo Testamento y denuncia un mal que existió en su tiempo, había existido antes, y existirá hasta que Jesucristo venga a reinar sobre la tierra.

En este capítulo estaré tocando en primer lugar el tema de la imparcialidad y el favoritismo, males que, lamentablemente, se siguen presentando en muchas iglesias cristianas alrededor del mundo.

La epístola de Santiago
La epístola de Santiago presenta las clases sociales —los ricos y los pobres— en su más cruda realidad antagónica. Les presenta como lo que

son ahora, y como lo que han sido desde tiempos antiguos: sociedades mutuamente excluyentes. Sin embargo, a la vez, presenta el panorama que debiera existir en la Iglesia del Señor, en donde tales clases sociales deben de ignorarse, pues todos dependen de un mismo Espíritu y de un mismo Señor y Salvador. Santiago exhorta con dureza las injusticias y brinda el consejo de Dios a ambos grupos sociales.

La tradición atribuye la epístola universal de Santiago a Jacobo, el hermano del Señor, (Tenney, 1989, p.312) y todas las características de la carta apoyan este punto de vista. La misiva está dirigida a «las doce tribus de la dispersión» (Santiago 1:1). Así, sus destinatarios fueron los cristianos judíos de la diáspora o dispersión. La palabra dispersión se refiere sencillamente a los judíos dispersos por el mundo (Portavoz, 2004). Su epístola se escribe para comentar la ética de la vida práctica; (Tenney, 1989, p.312) es decir, se ocupa de la aplicación de todas las situaciones de la vida cristiana. Samuel Pérez Millos señala que «la mayoría de los lectores son de clases sociales bajas y populares (Santiago 2:5). Por esta circunstancia había cristianos que buscaban el favor de los ricos, a quienes trataban con parcialidad en las congregaciones (Santiago 2:2ss) (Perez-Milos, S., 2011, p.24).

El hermano de humilde condición

En Santiago 1:9 se lee: «El hermano que es de humilde condición, gloríese en su exaltación». Cuando el Apóstol habla del hermano, está calificándolo como uno que es miembro del cuerpo de Cristo, un compañero de la fe cristiana. Y hacerlo, le otorga un sentido de pertenencia y de valía dentro de la comunidad de la familia de Dios. Santiago sabe que el evangelio trae a los discípulos de Cristo que tienen comparativamente pocos recursos económicos —aquellos que son humildes y sencillos—, un sentido de valor propio. En primer lugar, aprenden que son importantes en la iglesia, ya que en la iglesia primitiva no existía diferencia de clases (Santiago 2:4; Hechos 2:44). Esto quiere decir que un esclavo podía tener una posición de liderazgo en la iglesia y al mismo tiempo estar bajo la autoridad de su amo terrenal. En segundo lugar, ellos aprenden que son importantes en el mundo, ya que la palabra de Dios enseña que todos los seres humanos tienen un propósito que cumplir en esta vida (Efesios 2:10; Jeremías 1:5; Hebreos 2:6). Cada persona —en las manos de Dios— es útil, tanto para la sociedad como para la misión de Dios en la tierra. En tercer lugar, aprenden que son

> CADA PERSONA —EN LAS MANOS DE DIOS— ES ÚTIL, TANTO PARA LA SOCIEDAD COMO PARA LA MISIÓN DE DIOS EN LA TIERRA

importantes para Dios (Juan 17:23; Hebreos 2:7-8), es ahí en donde radica su exaltación. Los hermanos de condición humilde —los pobres— se pueden gloriar en su alta posición como hijos de Dios, porque son inmensamente ricos en Él (Proverbio 13:7; Lucas 16:20-21). La Palabra ofrece como ejemplos la viuda que tenía un corazón dispuesto para dar (Marcos 12:44), el muchacho que tenía una disposición para compartir (Juan 6:9), y los santos de Macedonia, quienes eran ricos en generosidad (2 Corintios 8:1-2).

La humillación del rico

Por otro lado, Santiago 1:10-11 comunica esto: «Pero el que es rico, en su humillación; porque él pasará como la flor de la hierba. Porque cuando sale el sol con calor abrasador, la hierba se seca, su flor se cae, y perece su hermosa apariencia; así también se marchitará el rico en todas sus empresas». ¡Oh, que contraste con el versículo anterior! (El hermano que es de humilde condición, gloríese en su exaltación). Posiblemente estos versículos se refieran a un hermano que se ha enriquecido, pero que, al poner su confianza en las riquezas, ha perdido el sentido de lo que la vida cristiana significa. Respecto a esto Pérez-Millos dice: «Sin embargo, más bien, debe tratarse de un hermano rico, el cual debe entender que sus riquezas materiales no representan algo perpetuo sino transitorio» Perez-Milos, S., 2011, p.24). Definitivamente en el Nuevo Testamento se puede puntualizar que había hermanos prósperos económicamente, por ejemplo, José de Arimetea, el centurión Cornelio, Lidia (la vendedora de púrpura), y el funcionario etíope. El mismo Bernabé tenía una propiedad que trajo a los pies de los apóstoles (Hechos 4:36-37). Sin embargo, todos ellos dieron testimonio con sus acciones —acciones de generosidad y renunciamiento— que realmente habían decidido seguir a Cristo por la senda angosta, y con todo su corazón abrazaron evangelio. Sus acciones dieron a conocer al mundo las intenciones de sus corazones. La palabra de Dios no condena las riquezas en sí, sino el amor por ellas (1 Timoteo 6:10). La situación económica tampoco es un termómetro de espiritualidad en una persona. Un converso rico no debe considerarse —por el sólo hecho de tener riquezas— menos espiritual que un converso pobre (tal como fue el caso de José de Arimatea en Mateo 27:57-60). Pérez-Millos continúa diciendo: «El cambio de pensamiento en ambos casos, en el pobre quien debe sentirse orgulloso de su condición espiritual, y en el rico, quien debe gloriarse sólo en su humillación, en la temporalidad humana, se produce como consecuencia de la cruz de Cristo» Perez-Milos, S., 2011, p.57). Al rico se le recuerdan tres cosas: en primer lugar, sus riquezas son una falsa seguridad (1 Timoteo 6:17); en segundo lugar, su cuerpo se envejecerá y morirá (Santiago 1:8-10); y en tercer lugar, sus empresas marchitarán (Santiago 1:11). Toda persona, ya sea rico o pobre debe estar consciente de que todos son iguales ante Dios (Romanos 2:11). Sin importar la condición social o la posición de cada uno en la vida, todos los hombres están sujetos a las mismas leyes establecidas por Dios, tanto las leyes físicas como las leyes espirituales. La idea principal en Santiago 1:10-11 es que el rico y el de posición alta deben regocijarse en Dios, no en las riquezas ni en su posición social. Asimismo, éste tiene el deber de compartir lo que tiene con los necesitados y los perdidos del mundo (Lucas 3:11; 1 Juan 3:17; Santiago 2:15-16). Todo rico debe recordar a Cristo Jesús, quien se hizo pobre para que «nosotros fuésemos enriquecidos» (2 Corintios 8:9). Él compartió tiempo con ambos tipos de personas. Compartió tiempo con Nicodemo, quien era un principal entre los judíos (Juan 3:1); comía con los publicanos (Mateo 9:11); y asistió a fiestas en donde se servía vino costoso (Juan 2:1-10). Sin embargo, Él no tuvo donde recostar su cabeza (Mateo 8:20), cabalgó un pollino prestado (Mateo 21:2-7) y fue sepultado en una tumba que no era suya (Isaías 53:9; Marcos 15:43-47).

Los verdaderos religiosos

El primer capítulo de la epístola de Santiago es muy descriptivo al hacer mención del significado de la religión pura y sin mancha. Para el escritor sagrado, la religión verdadera está relacionada con el cuidado de los huérfanos y las viudas. Santiago dice: «La religión pura y sin mácula delante de Dios el Padre es esta: Visitar a los huérfanos y a las viudas en sus tribulaciones, y guardarse sin mancha del mundo». Según Pérez-Millos, «Santiago no está interesado en definir lo que entiende por religión, sino en establecerla como un principio aceptable de parte de Dios» Perez-Milos, S., 2011, p.97). En una comunidad siempre habrá personas necesitadas; y cualquiera que sea la aflicción de ellos, Dios espera que haya un cuerpo local ministrante. La iglesia local debe visitar y servir de compañía al huérfano y a la viuda en su soledad, además de asistirles en sus problemas y necesidades. ¿Por qué es que esta religión es la verdadera, y por qué es la que agrada a Dios? Porque Él, dice el Salmo 68:5 es «Padre de huérfanos y defensor de viudas... en su santa morada». De esto se puede deducir también que el asunto de la verdadera religión es un asunto de comunión con Dios, ya que, cuando

LA IGLESIA LOCAL DEBE VISITAR Y SERVIR DE COMPAÑÍA AL HUÉRFANO Y A LA VIUDA la Iglesia les visita, se cumple la acción protectora del Padre y se defiende así su causa. La verdadera religión involucra defender a los indefensos, a los más vulnerables. En esta sociedad, los huérfanos y las viudas no contaban con los medios directos para su sostenimiento ni quien los defendiera de manera automática (Keener, C., 2003, p.687).

Totalmente en contra de la imparcialidad

En particular, en la epístola de Santiago se puede encontrar un llamado enérgico a estar en contra de la imparcialidad. El escritor advierte a los hermanos a tener cuidado de no hacer acepción de personas en la congregación. Amonesta contra la parcialidad y la discriminación. Santiago anima a sus destinatarios a no dejarse llevar por las apariencias externas (Santiago 2:1-4), pues enfatiza que el favoritismo es inaceptable en la fe de Jesucristo. El favoritismo y el cristianismo son incompatibles. Santiago 2:2 instruye: «Porque si en vuestra congregación entra un hombre con anillo de oro y con ropa espléndida, y también entra un pobre con vestido andrajoso...». No dice si el hombre que entrare fuese convertido o no, tan sólo dice: «Si en vuestra congregación entra...». El atuendo del que viste ropa espléndida inmediatamente señala que se trata de una persona de la alta sociedad, es decir, un rico de la época.

Aparte de su anillo, la ropa del visitante es ostentosa y contrasta con los mantos que quizás la mayoría vestían en la congregación. Al mismo tiempo, Santiago describe la escena con la entrada de un pobre, vestido con andrajos, quien aparenta ser parte de la población indigente. Esto puede dar al lector contemporáneo una muy buena idea respecto a las asambleas cristianas en el cristianismo primitivo. Tenían apertura total: podría entrar cualquier persona, sin importar el nivel socioeconómico al que perteneciera. Esta es una clara señal de que en la iglesia primitiva se promovía el trato equitativo para todas las personas y se señala así, en el cuadro descrito por Santiago, que cualquier diferenciación entre las personas se trata —evidentemente— de un proceder anticristiano. Aquí, al rico se le atiende con mucha simpatía y trato favorable; mientras que el pobre es víctima de desprecio y trato desdeñoso. Santiago 2:3 añade una nítida reflexión respecto a cómo el corazón humano carnal suele reaccionar: «Y miráis con agrado al que trae la ropa espléndida y le decís: Siéntate tú aquí en buen lugar, y decís al pobre: Estate tú allí en pie, o siéntate aquí bajo mi estrado». Al hombre rico se le invita a ocupar un lugar de privilegio, un buen lugar, es decir, confortable, el mejor sitio disponible. Al pobre, mientras tanto, no se le da la importancia que merece. Parece incluso que la presencia del pobre produce una sensación de molestia y desprecio.

Instrumentos del apóstol Santiago para reprender el favoritismo

Luego, el Apóstol usa una pregunta retórica, y con ella asegura que los lectores de la epístola puedan comprender plenamente lo que implica la práctica del favoritismo: «¿No hacéis distinciones entre vosotros mismos, y venís a ser jueces con malos pensamientos?» (Santiago 2:4). Hacer acepción de personas es quebrantar los mandamientos de Dios (Deuteronomio 10:16-17; 2 Crónicas 19:6). Expresa también —paralelamente en relación con esto— que una cosa es expresar credos de fe, y otra es vivir la realidad ética de esa fe. Por ello dice que, quien se comporta de esa manera, y quien piensa así, se convierte en juez y recibirá siempre la desaprobación de Dios.

El apóstol Santiago llama la atención sobre el favoritismo mediante una pregunta: «Hermanos míos amados, oíd: ¿No ha elegido Dios a los pobres de este mundo, para que sean ricos en fe y herederos del reino que ha prometido a los que le aman?» (Santiago 2:5). Aquí se presenta a Dios mismo eligiendo soberanamente a los pobres. Dice que Dios ha elegido a los pobres de este mundo, a los humildes de la tierra que han recibido al Hijo como Salvador y Señor de sus vidas. También Dios ha prometido que dará su reino a los que le aman. Con esto, Dios no está excluyendo a los ricos o a los de alta posición social, ni tampoco dice que no los ame. Mas bien, la idea central de estos versículos es que Dios está en contra de discriminar, rechazar o marginar a los que tienen menos prosperidad económica. El pasaje sigue diciendo: «Pero vosotros habéis afrentado al pobre. ¿No os oprimen los ricos, y no son ellos los mismos que os arrastran a los tribunales?» (Santiago 2:6). Los creyentes a los que el Apóstol se dirigía cometían la injusticia de afrentar a aquellos a quienes Dios había escogido. La Biblia de bosquejos y sermones dice: «La parcialidad, deshonra, humilla, avergüenza e insulta al pobre y al humilde» (Portavoz, 2004, p.257).

La afirmación anterior conlleva la idea de pensar en el dolor que sufre un ser humano cuando es discriminado, rechazado e ignorado, en especial tratándose de alguno de entre la congregación. Se mencionan dos cosas sobre los ricos: que oprimen a los hermanos, y que los arrastran a los tribunales (posiblemente aplicando injustamente las leyes y haciendo que éstas les favorezcan). Con mucha frecuencia, la codicia conduce al rico a cometer actos inmorales que beneficien sus ganancias,(Pérez-Milos, 2011, p.118) y el lenguaje que usa aquí el escritor inspirado hace alusión a una forma de violencia, pues dice que ellos «arrastran» a los hermanos a los tribunales. Así, estas palabras implican un trato agresivo y totalmente injusto de los indefensos.

En Santiago 2:7 el apóstol hace una pregunta que llama a la conciencia de aquellos que favorecían a los ricos opresores. Aquellos que, con su actitud, se convertían en cómplices de estas injusticias: «¿No blasfeman ellos el buen nombre que fue invocado sobre vosotros?». Muchos de los ricos se sienten autosuficientes, y esta autosuficiencia les hace blasfemar, porque menosprecian a la autoridad que está sobre ellos, es decir, a Dios mismo. Esta pregunta presenta una nueva acusación contra las personas pertenecientes a la alta sociedad: la blasfemia contra el buen Nombre, este buen Nombre, con toda seguridad se trata del nombre de Jesucristo mismo.

En este capítulo estuve haciendo un análisis más profundo de las razones por las que se puede afirmar enfáticamente —utilizando el libro de Santiago para este fin— de que Dios está abiertamente en contra de la discriminación y de la diferencia de clases, es decir, que exista parcialidad, favoritismo e injusticia.

En el capítulo siguiente el apóstol Santiago continúa enfatizando el tema: ahora en relación con las acciones que deben de tomar todos aquellos que tienen las posibilidades económicas para ayudar a sus hermanos en necesidad. A esto Santiago le llama la verdadera fe, la fe verdadera se manifiesta con hechos, con acciones palpables en favor de los necesitados de la tierra, pero mayormente a favor de aquellos que son hermanos.

LA DEMONSTRACIÓN
DE UNA FE VIVA

EN LA EPÍSTOLA DE SANTIAGO SE ENCUENTRA un importante aspecto teológico: «la fe sin obras es muerta». Esto trae mayor entendimiento de una vida cristiana integral. No basta tan sólo dejar que todo lo haga la gracia mientras se hondea la bandera de una fe meramente intelectual, sino que es necesario darle manos y pies a esa fe, a fin de que demuestre estar viva.

Ahora bien, siguiendo el hilo de mi discurso sobre el tema de la pobreza, y teniendo como base —una vez más para este capítulo— el libro de Santiago, se puede deducir que la alusión a este asunto no es un tema aislado, sino más bien, está en directa relación con lo que el apóstol está diciendo: voltear la mirada hacia los pobres y marginados.

La importancia de una fe viva

La vida cristiana no se trata de tan sólo buenos deseos sino de acciones concretas. Muchos cristianos se preocupan por los problemas que afrontan los seres humanos y por la creación en general. Tan sólo se entristecen por la condición del prójimo, pero no tratan de resolver o solucionar sus problemas. En la parábola del buen samaritano (Lucas 10:25-37), el samaritano no solamente se preocupó por el prójimo, quien yacía tirado junto al camino mal herido y medio muerto, sino que también se ocupó de él. De igual manera, en la vida cristiana necesita existir correlación entre lo que se dice y lo que se hace, pues de otra manera, se trata tan sólo de un evangelio teórico, cuando en realidad, el evangelio es eminentemente práctico.

En Santiago 2:14-18 el apóstol da comprobación a lo que acaba de afirmar en cuanto a la necesidad de las obras. Allí, se presentan tres temas esenciales. En el primero dice que la fe sin obras no es genuina; en el segundo, lo genuino de esta fe es demostrable con hechos y no con palabras solamente; y, en el tercero, el que actúa viviendo en santidad no necesita decir que tiene fe. El pasaje dice: «Hermanos míos, ¿de qué aprovechará si alguno dice que tiene fe, y no tiene obras? ¿Podrá la fe salvarle? Y si un hermano o una hermana están desnudos, y tienen necesidad del mantenimiento de cada día, y alguno de vosotros les dice: Id en paz, calentaos y saciaos, pero no le dais las cosas que son necesarias para el cuerpo, ¿de qué aprovecha? Así también la fe, si no tiene obras, es muerta en sí misma. Pero alguno dirá: Tú tienes fe, y yo tengo obras. Muéstrame tu fe sin tus obras, y yo te mostraré mi fe por mis obras».

Un ejemplo de la fe sin obras

La fe es algo dinámico: tiene que manifestarse por medio de las obras. El amor al prójimo se demuestra con hechos y no solamente con palabras. Así también lo expresa el apóstol Juan en 1 Juan 3:18.

Santiago ejemplifica lo que está diciendo, y lanza un desafío, una respuesta cristiana legítima ante la necesidad del hermano. Así, el v. 16 dice: «Id en paz, calentaos y saciaos, pero no les dais las cosas que son necesarias para el cuerpo, ¿de qué aprovecha?». Es una contradicción decirle a una persona, «id en paz», cuando ésta carece de los recursos mínimos para satisfacer sus necesidades primarias; cuando, aquel que le dice esto, no hace uso de misericordia y le envía con las manos vacías. Le dice que se caliente y se sacie, pero quien está en necesidad no recibe ropa para abrigarse ni comida para saciar su hambre, sino tan sólo palabras, frases vacías carentes de compasión. Los que hablan así articulan buenos deseos, sin embargo, sus palabras suenan huecas.

En cambio, la fe genuina es aquella que se fundamenta en la palabra de Dios y se aplica a favor de los desvalidos y los oprimidos de la sociedad. Es una fe que se inclina para tender la mano a los integrantes de la comunidad marginada que está en sus medios.

La fe práctica no es solamente aquella que dice, «ve en paz» al que tiene una necesidad, sino la que se desprende de lo que posee. El amor es únicamente verdadero cuando provee a las necesidades del hermano, pues 1 Juan 3:17 dice: «Pero el que tiene bienes de este mundo y ve a su hermano tener necesidad, y cierra contra él su corazón, ¿cómo mora el amor de Dios en él?». Pérez Millos señala: «Las palabras llenas de buenas intenciones, son mera hipocresía que hieren al que las recibe y le resultan sarcásticas», (Pérez-Milos, 2011, p.142). Alcanzando la conclusión de lo que antecede, Santiago escribe: «Así también la fe, si no tiene obras, es muerta en sí misma» (Santiago 2:17). Los que se congregan en las iglesias ayudan de alguna manera a los necesitados: los visitan, los consuelan, les desean bien, oran por ellos y los encomiendan a Dios; sin embargo —nos dice Santiago— con esto no basta. ¿De qué aprovecha si no le damos las cosas que necesitan? (v. 16). De ahí que Santiago repita que la fe de tal persona es muerta o inservible.

La demostración de la fe genuina

Santiago expone el tema de la fe. La fe que no fructifica, ni muestra evidencias, es estéril. No basta con hablar, es necesario mostrar que la fe está viva. Respecto a esto Simón J. Kistemaker, afirma: «A veces los cristianos proclaman el evangelio del Señor sin tener en cuenta para nada las necesidades físicas de sus oyentes. Le hablan a la gente acerca de la salvación, pero parecen olvidar que la gente empobrecida necesita ropa y comida para hacer que el evangelio sea relevante. A menos que la palabra y el hecho vayan juntos, a menos que la predicación del evangelio vaya acompañada por un programa de acción social, a menos que la fe sea demostrada por medio de un cuidado y preocupación amorosa, esa fe está muerta» (Kistemaker, 2007, p.111). Una vez más Santiago dice que la fe es vivencial. Esta fe dinámica no se trata de ciertas normas ceremoniales o del recitar de oraciones y credos, sino más bien, de las obras que son producto de la fe en Jesucristo. La fe que ama es compasiva y ayuda a los necesitados. «Ninguna persona realmente cree en Jesucristo a menos que siga a Jesucristo y haga las obras de amor que hizo Cristo» (Swindoll, C., 2010, p.57).

> LA ACTITUD DESATENTA Y DESCORTÉS HACIA LOS MARGINADOS DENOTA UNA FE MUERTA

Santiago afirma que la actitud desatenta y descortés hacia los marginados denota una fe muerta. Luego, en el v.18 el apóstol da a conocer la objeción típica que mantienen los que poseen esta fe muerta; ellos dicen tener fe sin necesidad de obras. Ante ello el apóstol dice: «... Muéstrame tu fe sin obras, y yo te mostraré mi fe por mis obras». Santiago establece un principio muy práctico y sencillo a la vez: si un cristiano dice tener fe, pero su fe carece de obediencia, de nada le vale. En otras palabras, la fe que no se ve a través de las obras es nula. Kistemaker comenta: «Así como un motor produce poder a causa de la corriente eléctrica que fluye en su interior, del mismo modo un cristiano produce buenas obras cuando la verdadera fe le da poder» (Kistemarker, 2007, p.114). Santiago, en este caso, presenta las obras como evidencia de la fe, las cuales determinan la realidad de la misma, puesto que la fe simplemente declarada como fe (pero sin obras) no tiene qué le dé sustento para llamarse fe. Charles R. Swindoll declara: «Pero Santiago directamente cuestiona la idea de una fe privada y pasiva: la fe genuina se exhibe. Si en realidad uno no puede verla, ¿cómo puede alguien saber si existe en realidad?» (Swindoll, C., 2010, p.57). Un ejemplo básico concerniente a este tema se encuentra en Santiago 2:19: «Tú crees que Dios es uno; bien haces. También los demonios creen, y tiemblan». Los demonios creen en Dios, pero su creencia es independiente de la manera en que ellos operan y de las cosas en que ellos se ocupan.

En este capítulo hice una breve exposición de la importancia de la fe respecto al tema de la pobreza. Por un lado, Santiago dice que los pobres son ricos en fe (2:5) y por otro, dice a todos los que están en posibilidad de dar al pobre, que no se conformen con una fe meramente intelectual. Les dice que ellos también podrían ser capaces de tener la fe que tiene el pobre si utilizan adecuadamente sus recursos; es decir, haciendo obras que denoten y fortalezcan su fe. Santiago liga el tema de la fe al tema de las clases sociales y respecto al dar y recibir. Dice que la fe implica dar para el «mantenimiento de cada día» (v. 15), a los que tienen necesidad; cubrir al desnudo y satisfacer «las cosas que son necesarias para el cuerpo» (v. 16). El apóstol Santiago compara a los que tienen posibilidades para ayudar y no lo hacen —y ondean la bandera de la fe de todos modos— con los demonios cuando dice: «También los demonios creen, y tiemblan». Y peor aún, pues los demonios al menos tiemblan, pero los que afrentan al hermano pobre y lo arrastran a los tribunales (v. 6) demuestran con ello no tener ningún temor de Dios.

Ante todo esto, surge la pregunta, ¿qué sucede con los que se rehúsan a hacer el bien y demostrar con ello una fe genuina? ¿Qué sucede con aquellos ricos, que llamándose hermanos, son los que oprimen, explotan y maltratan al pobre? ¿Qué de los que no demuestran tener una fe verdadera y se engañan a sí mismos pensando que tienen fe? ¿Qué de los ricos inconversos que oprimen al pobre? Contestaré a estas preguntas, al continuar basándome en los escritos inspirados del apóstol Santiago, en el siguiente capítulo.

EL JUICIO DE DIOS
EN CONTRA DE LOS
OPRESORES

S EGURAMENTE HAY EN EL MUNDO, enterradas en todo lugar, historias de gente pobre que fue víctima de injusticias a manos de los ricos y poderosos de la tierra. Algunas de estas historias son conocidas, pero hay quizá millones de otras, que no. Simplemente quedaron en el cosmos del olvido. Sin embargo, la Biblia dice que Dios tiene libros en donde están escritas todas las acciones de cada uno de los seres humanos que han existido sobre la tierra (Apocalipsis 20:12). Por lo tanto, ninguna de estas obras ha sido pasada por alto por el Señor y un día todo será manifiesto (1 Corintios 3:13). Bienaventurados todos aquellos que han lavado sus ropas en la sangre de Cristo para perdón de pecados (Apocalipsis 7:14), porque los que no, tendrán que sufrir las terribles consecuencias de todo lo malo que hicieron.

En este capítulo estaré explorando las palabras del apóstol Santiago en relación al juicio que Dios ha reservado para los ricos opresores. Aquellos, que, sin consideración alguna, han hecho lo que han querido con los pobres e indefensos de la tierra, pensando que han salido impunes y que sus pecados simplemente fueron olvidados para siempre.

Advertencias para el rico opresor

Primero que todo debo aclarar que Dios ama a todo el género humano y desea su salvación sin importar su clase social o nivel económico. Él, no solamente ama a los pobres; tampoco debe malinterpretarse la Biblia pensado que los ricos van al infierno mientras que los pobres al cielo. Las Escrituras son claras al enseñar que no es la riqueza ni la pobreza lo que determina la relación espiritual de las personas con Dios. Por tanto, la reprensión que el apóstol Santiago hace está dirigida hacia aquellos que son ricos en lo material, pero pobres en lo espiritual, aquellos que posiblemente han obtenido su riqueza por medio de la opresión de los desvalidos, los esclavos, y en general, de todos los que carecen de los medios para defenderse.

El dinero no es malo en sí, sino el amor a éste; esto es lo que está prohibido, dice el apóstol Pablo en 1 Timoteo 6:10. No obstante, la palabra de Dios advierte al rico acerca de la tentación que la abundancia financiera trae consigo. Estas tentaciones incluyen: el falso sentido de seguridad que las riquezas ofrecen (Proverbios 23:5); el deseo egoísta de controlar a otros (Santiago 2:6); y, el nocivo orgullo personal (1 Timoteo 6:1). De ellos, dice Santiago, de los terratenientes que han dado maltrato a sus jornaleros, que serán castigados de acuerdo al veredicto de la justicia divina. «He aquí, clama el jornal de los obreros que han cosechado vuestras tierras, el cual por engaño no les ha sido pagado por vosotros; y los clamores de los que habían segado ha entrado en los oídos del Señor de los ejércitos» (Santiago 5:4).

Fin de los ricos que no obedecen al evangelio

Santiago se refiere ahora a los ricos que están fuera de la iglesia. Con un tono profético, alza su voz y grita: «¡Vamos ahora, ricos! Llorad y aullad por las miserias que os vendrán. Vuestras riquezas están podridas, y vuestras ropas están comidas de polilla» (Santiago 5:1-2). El rico no solamente debe llorar, sino que aun gritar desesperadamente, pues éstos, sin Cristo, ya no tienen esperanza, sino únicamente la expectación de un juicio que les está preparado. El apóstol usa la palabra en plural —ricos—, dando a entender con ello la existencia de una esfera social, un grupo que representa el poderío del mundo. La riqueza de los tales ha sido mal adquirida, producto del atropello del pobre, y su pecado está expuesto. El rico ha acumulado riquezas, y piensa que ellas son una bendición; sin embargo, en determinado momento, estas riquezas se han tornado en una maldición. Éste no puede hacer absolutamente nada para que sus riquezas no se pudran y sus ropas no se conviertan en el alimento de la polilla. Las ropas finas y distinguidas con que aparecía en público para presumir y jactarse ahora son devoradas por la polilla. Al amontonarla, la riqueza de los ricos se pudre y se oxida (Swindoll, C., 2010, p.98). La riqueza terrenal —afirma Jesús— es temporal y pasajera: «No hagáis tesoros en la tierra, donde la polilla y el orín corrompen, y donde ladrones minan y hurtan; sino haceos tesoros en el cielo, donde ni la polilla ni el orín corrompen, y donde ladrones no minan ni hurtan. Porque donde esté vuestro tesoro, allí estará también vuestro corazón.

El rico que no tiene su corazón cerca del Señor será poderosamente tentado a acaparar y acumular riquezas. Acumulará sus ganancias, en lugar de usarlas para suplir las necesidades de los pobres y para financiar proyectos que promuevan la propagación de las buenas nuevas de salvación por todo el mundo. La Biblia de bosquejos y sermones afirma: «¡Qué tragedia tan terrible! No haber hecho nada que dejarle al mundo las cosas materiales que envejecen, se corrompen, se deterioran, se pudren, se descomponen y desaparecen por la eternidad. Las riquezas, fortunas y cosas físicas y materiales, no son eternas» (Portavoz, 2004, p.304). El rico no tiene justificación por haber guardado más de lo que necesitó. Sólo se avecinan sobre él miserias terribles, y por ello, aullará.

El efecto nocivo de la riqueza

En los comienzos del cristianismo, los que poseían bienes los vendían y daban el dinero a los pobres (Hechos 4.34-35). Ahora, en la epístola de Santiago el reproche hacia los ricos consiste en que ellos han acumulado riqueza que se ha podrido: «Vuestro oro y plata están enmohecidos; y su moho testificará contra vosotros, y devorará del todo vuestras carnes con fuego. Habéis acumulado tesoros para los días postreros» (Santiago 5:3). ¿Cuál es el sentido de acumular riquezas? («habéis acumulado tesoros para días postreros», Santiago 5:3). El oro y la plata que carecen de un fin de benevolencia es como si estuviesen enmohecidos o corroídos. La posición egoísta y acaparadora del rico no le permite cumplir con la misión de suplir las necesidades imperiosas existentes en el mundo (Portavoz, 2004, p.304). Swindoll observa: «Por el tiempo y la falta de uso, los alimentos se dañan, los vestidos son devorados por la polilla y los metales preciosos se oxidan» (Swindoll, 2010, p.98). Por ello, el peor negocio es no compartir con los necesitados, pues finalmente esa riqueza hace alas y vuela al cielo, como lo dice el proverbio: «¿Has de

> EL DINERO NO ES MALO EN SÍ, SINO EL AMOR A ÉSTE

poner tus ojos en las riquezas, siendo ningunas? Porque se harán alas Como alas de águila, y volarán al cielo» (Proverbios 23:5). Tales bienes, y todo aquello de lo material que es apreciado por los hombres —dice Dios— son bienes enmohecidos o corroídos. Lo enmohecido está contaminado por elementos patógenos que causan enfermedades, es inservible, y tiene que desecharse, e inclusive debe desecharse con sumo cuidado y diligencia. También lo contaminado produce un olor desagradable; mientras que, en contraste, las ofrendas compartidas con otros emiten un olor agradable delante de Dios (Efesios 4:28; Filipenses 4:18).

Las riquezas y el moho testifican contra los ricos. Al final, sus posesiones se convertirán en un veneno y trampa mortal. El moho y la polilla serán las evidencias legales que atestiguarán en contra de los ricos en el día del juicio; pues ellos hubieron «acumulado tesoros para los días postreros», pero estos tesoros son perecederos y no podrán ser llevados a la eternidad. Como lo dice el apóstol Pablo: «Porque nada hemos traído a este mundo, y sin duda nada podremos sacar» (1 Timoteo 6:7). Así, la expresión de Santiago 5:3 «devorará del todo vuestras carnes como fuego», significa que la acción de los ricos de acaparar bienes materiales es una pasión que cada vez los quemará más y más por dentro. Mientras que los ricos acaparan, un gran número de personas necesitadas muere diariamente de hambre, enfermedad y frío — y lo peor de todo—, son condenados a una eternidad sin Cristo debido a la falta de recursos para llevarles el mensaje de salvación.

Las ganancias injustas de los empleadores egoístas

Santiago 5:4 dice que los clamores de los que sufren injusticia «han entrado en los oídos del Señor de los ejércitos». Debido a que los destinatarios de esta epístola eran hebreos, ellos pudieron entender muy bien la voz de Dios en este texto: el nombre de Jehová de los ejércitos, y su relación con la experiencia de sus antepasados en la tierra de Egipto. De la misma manera que las voces de los hebreos oprimidos y los esclavos en Egipto llegaron a la presencia de Dios, Él también escucha el clamor de los oprimidos. «He aquí, clama el jornal de los obreros que han cosechado vuestras tierras, el cual por engaño no les ha sido pagado por vosotros; y los clamores de los que habían segado han entrado en los oídos del Señor de los ejércitos. Habéis vivido en deleites sobre la tierra, y sido disolutos; habéis engordado vuestros corazones como en el día de matanza. Habéis condenado y dado muerte al justo, y él no os hace resistencia» (Santiago 5:4-6).

Un pecado lleva a otro pecado. En este caso el rico no solamente peca al acumular riquezas en vez de compartirlas con los necesitados, sino que su codicia lo lleva a robar y a aprovecharse de los jornaleros que han trabajado sus campos en el tiempo de la cosecha. La ley de Moisés estipula que el empleador no debe de retener la paga del jornalero hasta el día siguiente (Levítico 19:13; Deuteronomio 24.14-15) (Kistemarker, 2007, p.190). Si el jornalero no recibía el dinero producto de su trabajo en el día estipulado significaba que posiblemente su familia no tuviese comida en la mesa, lo cual —por supuesto— generaría desesperación e inseguridad en sus corazones. Ya los jornaleros habían hecho su parte en preparar, cultivar y cosechar los campos de los terratenientes; sin embargo, estos últimos habían planeado engañarlos, y así, incumplían sus promesas y no les daban la remuneración devengada en su tiempo. En lugar de que la cosecha produjera alegría (Salmos 126:5-6), estos trabajadores habían estallado en clamor y en llanto delante de Dios. La Biblia habla de Booz, un hombre justo, quien cumplió con sus jornaleros el pago justo de su salario en el tiempo de la cosecha, y por tanto, su vida fue de bendición (Rut 2:4).

El círculo vicioso termina en el homicidio

Los oídos de los ricos no escucharon el clamor de los jornaleros, pero Dios sí. El Dios de los ejércitos está del lado de los marginados y oprimidos por la sociedad. Ellos fueron víctimas de la injusticia cometida por los ricos opresores y Dios juzgará su caso.

El dinero que se les roba a los jornaleros se malgasta en una vida de desenfreno y extravagancia. «Habéis vivido en deleites sobre la tierra, y sido disolutos» (Santiago 5:5). Respecto a esto Kistemaker dice: «El pecado de la avaricia hace que una persona se degenere y pase del robo a una vida de lujo y desenfreno» (Kistemarker, 2007, p.192). Después de haber acumulado riquezas, éstos pueden darse el lujo de malgastarlas: derrochan lo que acumularon viviendo una vida insípida.

Finalmente, la retahíla de pecados desemboca en el homicidio. Éste es el último eslabón en la cadena de un círculo vicioso que empezó dentro de un corazón avaricioso. La avaricia le llevó al robo y al engaño, luego a la opulencia y al desenfreno y termina con el homicidio: «Habéis condenado y dado muerte al justo, y él no os hace resistencia» (Santiago 5:6).

El registro de cómo el rico comete fraude contra el obrero y el pobre, puede tener un número interminable de casos y matices distintos. Mientras tanto, los ricos descritos por Santiago llevan una vida de gratificación y de placer; ellos se presentan a sí mismos ante la sociedad como gente decente, exitosa y poderosa. Dios está ausente en sus vidas, sus agendas y planes. Sin embargo, la ira de Dios les espera, un día experimentarán un juicio terrible en su contra, cuando estén delante del Todopoderoso. Ahí Dios juzgará todas sus injusticias.

Hasta aquí la parte del análisis del libro de Santiago. En los capítulos sucesivos estaré hablando de las estrategias la iglesia puede adoptar para ayudar a los pobres a mejorar sus condiciones de vida. Estas estrategias tienen su inicio en la concientización de los miembros respecto a su tarea misional.

ESTRATEGIAS Y CAPACITACIÓN PARA EL PROYECTO MISIONAL

A LO LARGO DE ESTE LIBRO he estado explicando distintos aspectos circundantes a la pobreza material de un individuo y cómo ésta se relaciona con sus otros componentes como ser humano.

Ahora, en los capítulos siguientes estaré abordando el tema general de este libro de manera eminentemente práctica; es decir, estaré dando respuesta a la pregunta, ¿cómo la iglesia puede contribuir en el abatimiento de la pobreza de su comunidad?

Evidentemente, Dios desea que toda persona tenga en todas las cosas lo suficiente, e inclusive que abunde para toda buena obra (2 Corintios 9:8); sin embargo, aquello que parece ser un concepto tan sencillo, envuelve un gran reto: ¿cuáles son los pasos que la iglesia debe de tomar para lograr tal abundancia? ¿Cómo logrará la iglesia asumir su papel misional?

En este capítulo estaré hablando de cómo la iglesia tiene que, primero que todo, cambiar su modo de pensar y sentir. Es decir, la iglesia debe de poner en práctica estrategias para lograr su cambio interno.

Preparación de los miembros de la comunidad cristiana

La comunidad cristiana está separada del mundo, y esta separación es indispensable para ser realmente una comunidad de seguidores de Jesucristo. Cristo dijo: «Si fuerais del mundo, el mundo amaría lo suyo; pero porque no sois del mundo, antes yo os elegí del mundo, por eso el mundo os aborrece» (Juan 15:19). Sin embargo, al mismo tiempo, el Señor dice que la iglesia es luz del mundo. Que sus obras deberán ser vistas por la sociedad, para que de esa manera, ésta última, alabe al Padre que está en los cielos (Mateo 5:16). Por tanto, es necesario que la iglesia entienda perfectamente su papel misional y salga de las cuatro paredes del templo para cumplir con la misión que Jesús le ha dado.

En más de una vez, la iglesia se ha vuelto totalmente extraña a su propia comunidad y sus actividades nunca se desenvuelven en un contexto más allá de su ambiente interno; sin embargo, la voluntad de Dios es que la iglesia se vuelva inclusiva y no exclusiva, es decir, que adopte un papel de liderazgo y servicio dentro de la comunidad que está a su alrededor.

Muchas iglesias jamás han emprendido un proyecto misional, por lo tanto, carecen de la preparación mental/emocional/espiritual para ello. Ahí es donde los retos empiezan: el liderazgo —especialmente el pastor principal— debe crear un compromiso real entre los miembros de la comunidad cristiana que deseen trabajar como voluntarios. Es por esto necesario un entrenamiento antes y durante el proceso del proyecto misional.

En primer lugar, debo mencionar que la lectura siempre es muy importante para crear una conciencia viva y un entendimiento del tema. Por ello, algunos libros de texto que pueden ser útiles para crear y fortalecer la conciencia misional son: Manual para el desarrollo de iglesias misionales (Roxburgh & Romanuk); Liderazgo misional para un mundo multicultural (Martínez & Branson); Iglesia, comunidad y cambio: Manual del coordinador (Fundación Kairós); Caminar con los pobres (Bryant L. Myers), por mencionar tan sólo algunos. Estos libros pueden ser útiles para llevar al grupo paso a paso a través de un proceso de reflexión y diálogo, y a un entendimiento de los retos misionales de la comunidad circundante al ministerio.

Se debe de crear un seminario propio dentro de la iglesia local para exponer la materia misional y examinar la literatura especializada. Quizá la creación de un manual propio que contenga información que se adapte más específicamente a las necesidades de la comunidad de que se trate, sería mucho mejor; aunque este manual tendría que actualizarse constantemente.

Primeros cambios sensibles

Indudablemente, las estrategias adoptadas obligan a realizar cambios en las estructuras existentes dentro de la iglesia. Por ejemplo, es necesario cambiar el calendario de actividades —el que suele estar saturado de eventos, ya sea dentro de la iglesia o los propios de la denominación— para tener estudios periódicos respecto a la misión de Dios; esto ayudará a colocar un fundamento teológico práctico para el proyecto misional en perspectiva.

Se trabaja con voluntarios, es decir, con las personas que acudan al llamado a participar, sin embargo, al principio es natural que estos voluntarios no sean tantos: la iglesia —mayormente al inicio— manifiesta cierta aversión al cambio y esto obstruye la participación. Padilla, respecto a este período de cambio, comenta: «No significa que hay formulas o estrategias para convertir a una iglesia de la noche a la mañana en un agente de transformación espiritual y social en su comunidad» (Padilla & Yamamori, 2003, p.13-14). Se necesita paciencia, mucha oración, diálogos y reflexión para que la iglesia finalmente vaya aceptando el nuevo enfoque, un enfoque de proclamación del reino de Dios y de su justicia. La iglesia necesita cambiar su manera de vivir, es decir, el cambio afecta su vida personal, familiar, social y aun hasta la forma de ver la política dentro de la comunidad; por tanto, es necesario tener paciencia y esperar que los cambios vayan siendo paulatinos.

Lo valioso de las encuestas

Una encuesta bien diseñada puede ser una herramienta útil para conocer qué es lo que piensa más exactamente la gente con la que se está trabajando. Inclusive, hoy se puede hacer uso de la tecnología y diseñar encuestas en línea para facilitar el manejo de la información y la generación de estadísticas. Los primeros que necesitan participar en estas encuestas son los líderes de la iglesia.

Estas encuestas deberán estar orientadas en al menos las siguientes cuatro categorías: sistemas, enfoque, contexto y personalidad. Cada una de estas categorías deberá tener sus preguntas particulares y deberán ser redactadas de la manera más simple. Así dentro de la categoría de sistemas existen los siguientes factores: estructura, planificación, liderazgo y personal; en la categoría de enfoque se tiene también: comunicación, organización, programas y finanzas; luego, en la categoría de personalidad: energía, participación, prácticas y ministerio; finalmente, en la categoría de contexto engloba: integración, crecimiento, conexión e impacto. Cada uno de estos factores deberá tener sus preguntas especialmente diseñadas para la situación de la iglesia. Es por ello muy importante explicar debidamente la terminología empleada a fin de que los encuestados tengan una idea muy precisa de lo que se les está preguntando. Es útil también, si la iglesia así lo considera conveniente, auxiliarse de organizaciones especializadas en la configuración de estas encuestas.

Las encuestan tendrán como meta tener una radiografía de cómo los diferentes grupos existentes en la comunidad cristiana perciben el estado de la iglesia y cómo ésta se podría perfilar para el trabajo y la transformación misional.

Grupos de escucha

La función principal de la creación de grupos de escucha es iniciar un proceso de estudio y diálogo, a fin de crear una conciencia individual orientada al cambio misional. Es también una revisión de las motivaciones principales de la congregación. Roxburgh y Romanuk afirman: «Las congregaciones deben descubrir nuevamente que las respuestas para su vida y su futuro como el pueblo de Dios, se encuentran en ellos, no en las manos de los profesionales y expertos» (Roxburgh & Romanuk, 2006, p.36).

En estos grupos se comenta el resultado de las encuestas y las estadísticas generadas y se compara con la teoría que fue expuesta en el curso o estudio. Es natural que se presenten desafíos en distintas áreas, y precisamente para lograr superarlos, es que existirán estos grupos de escucha. Se concluirá también —en un gran número de casos— que la iglesia involucra poco a la comunidad en sus actividades, pues la tendencia de la iglesia —mayormente conforme pasa el tiempo— es adoptar una posición totalmente independiente de la comunidad en donde se encuentra, una que poco invita a quienes les circundan a participar. Esto, sin duda alguna, propicia que existan pocos convertidos de entre la comunidad y el impacto que la iglesia tiene ahí es posiblemente nulo.

La creación del Equipo de Acción Misional

Dentro del proceso de transformación es necesario crear un grupo especializado que tenga como meta impulsar las acciones misionales dentro de la iglesia; a este grupo líder se le ha llamado Equipo de Acción Misional (EAM). Este grupo puede estar formado por representantes de los distintos sectores o sociedades de la iglesia. Ellos estarán comprometidos a trabajar juntos y deberán regirse por el manual de transformación misional que hayan elegido o bien un protocolo propio establecido por la iglesia misma. El EAM deberá también establecer reuniones periódicas (que no necesariamente deban ser muy seguidas, quizá una vez por mes sea suficiente), en donde discutan los avances de los objetivos establecidos en aras a la transformación misional de la iglesia. De igual manera, el EAM deberá establecer plazos para alcanzar tales objetivos y definirá la manera en que financiará los gastos que sean necesarios realizar.

Teniendo siempre en mente que la meta misional de la iglesia es impactar a la comunidad con el evangelio y romper los ciclos de pobreza de ella, el EAM deberá estar muy bien informado de la realidad de la comunidad en donde se encuentra. Para ello, además de la información que esté disponible públicamente, será necesario realizar encuestas directas a los vecinos dentro de cierta área geográfica en donde se estime que la iglesia puede tener presencia.

El pastor como líder misional

Mientras los miembros del EAM desempeñan sus funciones, el pastor deberá estar totalmente involucrado como líder principal de todo el proceso de transformación y la ejecución de estrategias. Éste continuará dando seminarios y estudios en relación a lo que significa una iglesia misional y sermones que motiven al pueblo a participar. Asimismo, deberá emprender los cambios necesarios a fin de fomentar la nueva visión. Por ejemplo, los grupos celulares podrán adoptar nombres más afines con la visión misional, tales como «grupos misionales» o «grupos de hospitalidad» o cualquier otro nombre que el pastor juzgue sea favorable al cambio de paradigmas. Es sumamente importante provocar un ambiente más misional fuera del templo o lugar de reunión.

> LA META MISIONAL DE LA IGLESIA ES IMPACTAR A LA COMUNIDAD CON EL EVANGELIO

El pastor es el primero en recordar a todos cuáles son los objetivos de la transformación misional de la iglesia y de las acciones que se están tomando. Por ejemplo, puede decir algo como lo siguiente: «La visión de la transformación misional consiste en conducir acciones que nos conecten con la comunidad a fin de lograr la Gran Comisión».

El pastor deberá estar pendiente de todo lo que el EAM esté desarrollando y deberá participar en las decisiones y proyectos que este equipo presente. Mediante la dirección del Espíritu Santo, el pastor decidirá qué es lo más conveniente a realizar (de entre las alternativas que el EAM le presente) y cuándo es el tiempo más propicio para cada cosa. Asimismo, conducirá al grupo a la vida de oración y continuo análisis de las Escrituras para que todos trabajen en perfecta unidad y estén adheridos a la visión que Dios le ha conferido para bien de EAM, de toda la iglesia y de muchos otros que serán alcanzados con la visión.

El líder misional se define como «un cultivador de un medio ambiente, uno que discierne las actividades de Dios entre la congregación y su contexto» (Roxburgh & Romanuk, 2011, p.27). El cambio necesita ser, primero que todo, en el líder mismo. Él mismo debe pasar por un proceso de transformación mental y espiritual.

El pastor podría tener esquemas que deba de romper primero en su propia vida, para luego poder ayudar a otros. Sin embargo, luego que logre vencer en su propia vida y encamine las cosas para el éxito del proceso de transformación misional en su iglesia, verá cómo esta visión le fue de gran ayuda para crear una unidad en la iglesia que nunca antes hubo tenido. Le ayudará también a reflexionar sobre temas que jamás hubiera soñado reflexionar respecto a la comunidad en la que la iglesia está circunscrita, y le permitirá incrementar su amor por las almas, aquellas por las que Cristo murió.

El trabajo de los voluntarios

Las congregaciones presentes en el mundo de hoy están compuestas por gente muy ocupada, por lo que uno de los retos más importantes para emprender el proyecto misional es despejar la agenda atareada del personal voluntario. Normalmente las personas que están dispuestas a ser parte de la transformación son también gente sumamente ocupada: largas jornadas de trabajo, familia que atender y un número ilimitado de asuntos personales. En ocasiones será necesario brindar consejería a cada uno de ellos para ayudarlos a organizar mejor su vida, de manera que les quede tiempo suficiente para cumplir con las nuevas responsabilidades dentro del programa de transformación misional.

Otro de los retos que suele presentarse es la carencia de suficiente educación formal. Desde luego que pueden existir personas que, a falta de la oportunidad de educarse formalmente, han sido capaces de ser autodidactas; sin embargo, la carencia de educación formal envuelve una serie de limitaciones profundas, p. ej., el uso de la tecnología.

Los problemas más importantes se presentan cuando alguno de los voluntarios deja de cumplir con sus responsabilidades o es inconstante.

Ahí es necesario tener flexibilidad y actuar creativamente, sin embargo, hay ocasiones en que deba de prescindirse de alguno de ellos.

Se recomienda estimular de distintas maneras a los voluntarios; por ejemplo, brindarles un estímulo económico o sufragar por ellos algunos gastos menores. Siempre hay que recordar que el recurso del que más carece una iglesia es el recurso humano, es decir, de personal dispuesto; es por ello tan importante dar una atención especial al grupo de voluntarios.

Los voluntarios esperan que su líder esté con ellos y que les brinde apoyo moral y espiritual; también esperan que el líder les trasmita entusiasmo constantemente. De ellos se debe aprovechar al máximo su formación particular: destrezas, habilidades, dones, experiencias y creatividad. Algunos de los voluntarios tienen también grandes capacidades de liderazgo y desbordante energía y entusiasmo.

Los voluntarios deben tener claro cuáles son sus funciones, roles y responsabilidades y siempre deben tener presente que todo el equipo trabaja con un fin común: lograr la Gran Comisión. Deba así recordárseles que todo buen cristiano sigue el ejemplo de Jesús, y de esta manera es como se engrandece el reino de Dios en la tierra.

Los voluntarios deben estar organizados en grupos de características homogéneas y presentar reportes. Por tanto, cada grupo debe de contar con un presidente(a) y un(a) secretario(a). Por otro lado, siempre será útil diseñar cuestionarios para conocer su horario disponible, destrezas y los ministerios en los que a cada uno le gustaría participar.

Conclusiones de las etapas preliminares del cambio misional

Será muy valioso mantener un registro de las lecciones aprendidas en las primeras etapas del cambio misional. Se notará que, con el tiempo, la iglesia se volverá más seria y responsable con la comunidad circundante. Ella finalmente quedará convencida de que los programas y actividades que antes llevó a cabo, eran tan sólo dirigidos hacia ella misma y que éstos tenían muy poco o ningún impacto en la comunidad. Así, convencidos de lo apremiante de atender las necesidades del mundo que le rodea, la iglesia se empezará hacer por sí sola las siguientes preguntas: «¿Cuáles son los principales problemas que afectan la condición social y espiritual de las personas que viven y trabajan en el radio de acción de la iglesia? ¿Cuáles son los mayores desafíos, y cómo se puede responder a ellos?».

Las experiencias de otras iglesias también serán una fuente de inspiración y aprendizaje. Un libro que pudiere ser útil para ello es el escrito por M.L. Branson (Branson, 2004, p.28). En éste el lector encontrará un método de diálogo apreciativo, algo que favorece en gran medida la formulación de las preguntas correctas y ayuda a la iglesia a cambiar actitudes. Es sumamente importante que la iglesia se concentre en lo positivo y en el futuro.

Por todo esto, la iglesia adquirirá una mentalidad misional y así podrá apreciar los pasajes bíblicos en donde el Señor muestra este enfoque. Ella tendrá una mente más abierta para hacer el ministerio de maneras más creativas, y dejará atrás la famosa frase: «Siempre lo hemos hecho así». La iglesia terminará por acostumbrarse a un ambiente de aprendizaje y logrará apreciarlo y gozarlo; entenderá que las estrategias que adopte no son estáticas y que éstas están en constante evolución.

Las lecturas teológicas de la ciudad y la identificación de los marcos mentales de la iglesia y la comunidad son esenciales para emprender todo el proceso. Todo líder misional debe entender que existen barreras visibles e invisibles dentro y fuera de la iglesia que deban ser rotas si realmente desea tener éxito. Deberá enfrentar los retos misionales que incluyen, principalmente, salir del proceso reactivo que tendrá que enfrentar al inicio. Estos retos se producen debido al mundo cambiante, inestable e impredecible que obedece a la época y lugar en que le ha tocado ministrar.

Estoy de acuerdo con Margaret Wheatley cuando dice que estamos viviendo en un mundo cuántico, esto el sentido de que, así como la energía está en constante cambio, también el mundo. Nada hay realmente predictivo. En sus propias palabras Wheatley dice: «En un sistema dinámico y cambiante, la más leve variación puede tener resultados explosivos» (Wheatley, 1994, p.176).

Por lo dicho anteriormente, se espera que el resultado de todos estos esfuerzos sea la creación de un ambiente innovador, un nuevo modelo de hacer la obra de Dios.

Por último, la iglesia no está aislada de otras comunidades cristianas con las que puede colaborar. No se trata de una competencia, sino de aprovechar el poder de la unidad: Marcos 3:25 dice: «Si una casa está dividida contra sí misma, tal casa no puede permanecer». Consecuentemente, la unidad tanto dentro como fuera de la iglesia será esencial para tener éxito en la transformación misional.

En los últimos capítulos de este libro iré a la puesta en funcionamiento de las estrategias misionales, y también hablaré de cómo la evaluación de resultados será el último paso de un círculo de mejora continua. La teoría y el cambio de mentalidad, tanto en el pastor mismo como en la iglesia, es algo que definitivamente será siempre el primero —y muchas veces el más grande— de los retos para convertir una comunidad cristiana en misional; es decir, aquella cuyo enfoque primordial esté en el cumplimiento de la Gran Comisión. Desde luego, no se debe descuidar los propósitos de adoración y de edificación (los cuales también son esenciales) dentro de la iglesia, pero con el cambio, la iglesia extenderá su mirada hacia afuera y podrá mirar las multitudes como Cristo las miró: como ovejas dispersas y desamparadas carentes de un pastor. Este proceso no es ni fácil ni rápido. Se espera que las estrategias para el cambio empiecen a dar sus primeros frutos luego de los esfuerzos de varios años. No obstante, si la iglesia y sus líderes son persistentes, se logrará el cambio que Dios quiere y el mundo necesita con la ayuda del Espíritu Santo.

APLICACIONES DEL PROYECTO MISIONAL A LA RUPTURA DE LOS CICLOS DE POBREZA

N ESTE CAPÍTULO ESTARÉ EXPONIENDO algunas aplicaciones prácticas de todo lo que he venido diciendo a lo largo de este libro. Las ideas expuestas representan sugerencias para el Equipo de Acción Misional; sin embargo, no son las únicas y están lejos de ser inflexibles. Quizá algunas de ellas puedan ser aplicadas con éxito a una comunidad en algún lugar del mundo, no obstante, estas mismas, podrían no funcionar en otra. Cada iglesia debe de diseñar sus propias estrategias para atender a las necesidades de su contexto.

Ya en los capítulos anteriores he explicado lo referente a algunas herramientas que son útiles para confeccionar un diseño propio. Con todo, en la siguiente sección repasaré algo de lo ya expuesto y añadiré algunas ideas que puedan ser útiles.

Algunos aspectos a considerar para el diseño de estrategias

Evidentemente los desafíos son complejos. La iglesia no sólo tiene el llamado a predicar el evangelio con el fin de ganar almas y que estas permanezcan en Cristo (aunque este debe ser, por supuesto, su fin último); sino que, además, en el proceso de evangelización y discipulado, la iglesia debe estar consciente de las necesidades físicas a las que su comunidad se enfrenta día a día.

La gente necesita ayuda para resolver sus necesidades físicas, emocionales y espirituales. Necesita ser escuchada, y sentir que no está sola. Ella necesita entender las Escrituras, la verdad de Dios, para que como dice el Señor Jesús, sea liberada. «Y conoceréis la verdad, y la verdad os hará libres» (Juan 8:32). Y entender que Dios está interesado en todas las áreas de su vida. Magariño dice: «En nuestro contexto de ministerio, la iglesia necesita una visión clara, escritural y confesional acerca de su papel como comunidad de sanación y restauración; y a partir de tal visión, desarrollar la acción social para ayudar a atraer solución a los numerosos problemas que aquejan a la comunidad hispana» (Magariño, 2000, p.2).

Se debe observar a la comunidad y determinar cuáles familias quisieran participar en un plan piloto. A ellas se les debe entrevistar, y explicar en qué consiste el plan que la iglesia tiene para ayudarles a romper su ciclo de pobreza. Estas familias podrían tener ciertas características en común: p. ej., hispanas, de primera generación, con hijos nacidos en EE.UU., de padres que hablan español e hijos que están aprendiendo inglés, etc., y la iglesia debe de entender con qué capacidad cuenta para empezar a trabajar, es decir, con cuántas familias trabajará al principio.

> LA IGLESIA DEBE ESTAR CONSCIENTE DE LAS NECESIDADES FÍSICAS A LAS QUE SU COMUNIDAD SE ENFRENTA DÍA A DÍA

Es natural que cuando se invita a las familias a participar éstas reaccionen con desconfianza, pensando que lo único que la iglesia persigue es convencerlos de que se adhieran a su «religión». Para prevenir esto, la iglesia podría ser menos explícita, mayormente en las primeras etapas del proceso.

Se deben diseñar encuestas que extraigan información referente a los pormenores socioeconómicos de estas familias y en especial a su grado de educación. La composición familiar, los factores que los llevaron a emigrar, algunos aspectos de su familia en sus países de origen, etc., todo esto podría ser información útil. En cuanto más información se tenga, la iglesia estará en mejor posición para ayudarles.

Educación para romper el ciclo de pobreza

Se observará que —como común denominador— las familias pobres hispanas en los Estados Unidos no dominan el idioma inglés, carecen de una transportación adecuada, temen a las autoridades migratorias, no tienen una vivienda digna y carecen de seguros médicos; sobre todo, la inmensa mayoría de ellos tienen muy poca escolaridad y quizá un porcentaje, inclusive, no sabe leer ni escribir.

Los miembros del EAM fueron expuestos a la lectura de algunos libros que hablan sobre el significado específico de la falta de educación en relación directa con la pobreza, (Freire, 2007) a fin de que éstos entendieran mejor las dinámicas involucradas. Luego, al observar las encuestas, el EAM podría empezar con ofrecer apoyo a los estudiantes con bajas calificaciones. Por ejemplo, los miembros del EAM que tengan mayor escolaridad (y aún otros voluntarios de la iglesia en general), podrían brindar asesoría en las instalaciones del templo dos días por semana 1.5 horas, por decir una cifra. Debe de tomarse en cuenta la transportación de estos estudiantes cuando los padres —por causa de sus horarios de trabajo— no puedan llevarlos.

Asimismo, puede ofrecerse ayuda a los integrantes de las familias que no sepan leer y escribir; y para los adultos que deseen aprender inglés, incluyendo —para ambos grupos de aprendizaje— las personas con necesidades especiales. Es importante que se seleccionen los cursos apropiados, diseñados por profesionales y expertos en la enseñanza de tales materias.

Educación en oficios y labores técnicas

Otra área de enseñanza —como estrategia para vencer los ciclos de pobreza— es la de los oficios y labores técnicas.

Dentro de la iglesia podrán existir personas que posean habilidades y conocimientos en relación a algún oficio en particular y que deseen participar ayudando a la comunidad.

Podría impartirse enseñanza, por ejemplo, en las áreas de electricidad, carpintería, computación, etc. También, si no se cuenta con personal que sepa de estos oficios, el EAM puede auxiliarse de los cursos que se ofrecen gratuitamente en línea (actualmente existen cursos muy buenos, inclusive ofrecidos por universidades de prestigio mundial), o bien, comprarlos.

Cuando estos cursos estén en inglés, podrá haber un instructor que esté explicando el curso a medida que se esté viendo el video, o bien, que él o ella sea el único que escuche en inglés y lo traduzca en tiempo real.

Cursos de negocios y para las familias

Una de las áreas de enseñanza más atractivas es la capacitación para microempresarios. Se pueden elegir cursos claves tales como contabilidad, e-commerce, relaciones públicas, impuestos, etc. Pueden existir en la iglesia empresarios que deseen compartir sus experiencias y ayudar a la comunidad.

Por otro lado, muchas familias carecen de los conocimientos esenciales para tener éxito en la vida familiar. Ahí es donde el EAM podría ofrecer cursos de capacitación para resolver problemas económicos en las familias (p. ej., cómo manejar adecuadamente una deuda y cómo salir de ella), y talleres financieros para la administración de los recursos monetarios a nivel familiar; y otros tales como la educación de los adolescentes, el manejo de la violencia doméstica, y de problemas sociales intrafamiliares en general.

Asimismo, puede existir entrenamiento sobre salud y alimentación. Para todos estos cursos (que bien pueden ser seminarios o conferencias), la iglesia puede auxiliarse de profesionales voluntarios dentro de la comunidad o pertenecientes a otras iglesias hermanas. Se prefiere, por supuesto, que sea una persona nacida de nuevo la que imparta cualquier curso, taller o conferencia, sin embargo, también se puede echar mano de organizaciones seculares y/o gubernamentales.

Suplir las necesidades físicas

Identificadas las necesidades específicas de la comunidad, la iglesia puede invertir en ayudar a las familias necesitadas para que puedan superarse. Esto puede incluir materiales didácticos y gastos de transportación y cuidado de niños. También mochilas, zapatos deportivos para los estudiantes de estas familias, útiles escolares, víveres, etc. No necesariamente todos los recursos deben obtenerse de la iglesia, también algunas entidades fuera de ella, tales como comercios, tiendas de comida y departamentales, bancos, e inclusive organizaciones gubernamentales podrían participar. Es importante que en las juntas del EAM se asigne a las personas que conseguirán estos recursos.

Los bancos de comida son también una opción para ayudar a la comunidad y suplir sus necesidades alimenticias inmediatas. Además de los recursos que la misma iglesia pueda aportar, existen organizaciones en casi cada comunidad que brinda asistencia en esto, las cuales trabajan en colaboración con las iglesias.

Cuando una iglesia participa, tanto monetariamente como siendo parte del voluntariado, sentirá que está cumpliendo el llamado de Jesús.

Respecto a esto Juan Driver dice: «Ha existido iglesia sin misión y misión sin iglesia y esto ha resultado en una vida eclesial pobre y muy poco salvadora y una práctica misional deformada y muy poco transformadora» (Driver, 1998, p.5).

Previniendo inconvenientes

El EAM debe estar preparado para los inconvenientes que pudieran presentarse en el proceso de implementación de las estrategias planeadas.

Debe haber auditorías del uso adecuado de los recursos y de la forma en que se están distribuyendo. Debe existir un manual de procedimiento para cada una de las actividades desarrolladas y el EAM deberá de establecer un líder para cada una de ellas, el cual deberá presentar cuentas de acuerdo con el procedimiento establecido.

El EAM debe prever la solución en caso de que alguno de los líderes o colaboradores tenga que abandonar su posición. Es normal que de pronto alguno de ellos manifieste que no puede participar más debido a sus propios compromisos laborares o de estudio, (o inclusive algún problema de otra índole, p. ej., de salud, legal, familiar, etc.) que le impida seguir adelante.

Por ello, debe existir un sistema continuo de capacitación para proveer elementos substitutos. No olvidando que la iglesia es una entidad espiritual y que existe una lucha constante contra las fuerzas del mal. Toda la movilización del EAM y de la iglesia en general son sólo estrategias que tienen la meta suprema de cumplir con la Gran Comisión, arrebatar las almas del reino de las tinieblas y ayudarles a integrarse a la iglesia de Cristo; por tanto, existe siempre una lucha espiritual.

Por ello, debe constantemente estarse motivando a la iglesia a orar para que Dios esté al frente y otorgue la gracia necesaria para vencer. Un grupo exclusivo de intercesión deberá orar constantemente para que las vidas de las familias alcanzadas sean impactadas con el evangelio. Es importante reconocer siempre que los problemas que sufren las familias no son solo los económicos, existen una diversidad de circunstancias internas y de índole espiritual; por ejemplo, heridas del pasado, falta de ánimo, baja autoestima, rencor, dolor, penas, angustias y muchas preocupaciones.

El poder de Dios y del evangelio será siempre la solución definitiva a la problemática del ser humano; por tanto, el objetivo siempre será que las almas sean alcanzadas por medio del evangelismo, ¡sus vidas serán transformas por el poder de Dios! Asimismo, el grupo de intercesión deberá estar orando por todos los que están participando en las estrategias; por sus familias, su salud, y su vida espiritual.

Finalmente, todos deben tener muy claro que deberá prescindirse de aquellos miembros del equipo que no estén cumpliendo con sus funciones. Debe diseñarse un mecanismo sencillo y práctico para proceder en tales circunstancias.

Los diálogos continúan

Durante el proceso, nunca se debe dejar de aprovechar toda oportunidad para el diálogo. Las familias participantes comenzarán a abrirse y a manifestar cómo se sienten al participar en el programa. Mediante convivencias periódicas, la iglesia empieza a fraternizar con estas familias y los voluntarios empiezan a ver las necesidades de sus semejantes a través del lente de ellos. Es decir, comienzan a ser empáticos, a tratarles con dignidad y respeto. Así, algunos de los miembros de las familias empezarán a abrirse y a compartir con los colaboradores acerca de sus luchas y penas, sus traumas y raíces de amargura.

El EAM deberá estar debidamente entrenado para escuchar efectivamente y extractar información clave. El EAM promoverá una relación amistosa con ellos y tratará de brindarles el apoyo necesario en su caminar. Esto será una oportunidad para orar por ellos, darles consejería bíblica, y encaminarlos a las células en las casas.

También es muy importante mantener el ánimo entre las familias involucradas. En ocasiones se presenta el caso de que alguno deja de asistir, y es necesario animarle para que regrese al programa. Es natural que algunos de los colaboradores de pronto presenten frustración al no ver resultados inmediatos, pero es necesario ser pacientes, el resultado vendrá. Algunos de los participantes pueden manifestar que la información recibida es mucha y que no pueden asimilarla; en tal caso, es importante escucharlos e ir avanzando a un paso en el que ellos puedan realmente aprender, y llevar a la práctica lo aprendido.

Estas son tan sólo algunas de las estrategias que pueden implementarse como medios para abatir la pobreza en la comunidad. El entrenamiento, implementación, oración, seguimiento, atención de problemas y evaluación de los resultados será clave para el éxito.

Cuando los participantes vean los resultados obtenidos, ellos estarán agradecidos y desearán participar en las actividades espirituales de la iglesia. Cuando una iglesia se abre a atender las necesidades de su comunidad, está agradando a Dios, y con ello, el Señor añadirá a su iglesia los que han de ser salvos: «Y perseveraban unánimes cada día en el templo, y partiendo el pan en las casas, comían juntos con alegría y sencillez de corazón, alabando a Dios y teniendo favor con todo el pueblo. Y el Señor añadía cada día a la iglesia los que habían de ser salvos» (Hechos 2:46-47).

En el siguiente y último capítulo hablaré de la evaluación de los resultados. Este será un punto clave a lo largo de todo el proceso de transformación de la iglesia, a una iglesia misional.

EVALUACIÓN

DE LOS RESULTADOS

L A BIBLIA DICE: «IRÁ ANDANDO Y LLORANDO el que lleva la preciosa semilla; Más volverá a venir con regocijo, trayendo sus gavillas» (Salmos 126:6).

Definitivamente la movilización misional exige un gran esfuerzo. La iglesia toda deberá estar inmersa y el enfoque será decisivo. La inversión de recursos económicos, conocimiento, y tiempo hacen que los participantes de pronto sientan que sus fuerzas están agotadas; y en tal caso, ¿cómo serán renovadas? Con la presentación de los resultados.

En todo proceso es sumamente importante la evaluación de los resultados; así, luego de todos los esfuerzos, la evaluación hará que los participantes estén perfectamente conscientes de cómo van las cosas, se gozarán por lo ganado y podrán observar aquellas áreas en que puede mejorarse.

La evaluación se basa en el análisis de los resultados finales del proyecto, a nivel de los equipos de trabajo, de la membresía de la congregación, de las familias involucradas en el proceso, y de la comunidad en general. El análisis permitirá mejorar el modelo de capacitación para que en el futuro opere con mayor efectividad.

El gozo de los frutos

Es muy importante enterar a la iglesia de los frutos que se van obteniendo producto de los esfuerzos misionales. En tales reuniones generales se prepara una presentación especial (con material audio visual e informes escritos) en donde todos pueden constatar los avances. Aunado a esto, deba de programarse un servicio especial de celebración y acción de gracias a Dios por los logros obtenidos hasta ese momento y deberá invitarse a las familias involucradas para fraternizar con ellas. Al final de dicho servicio podrá haber un convivio.

Será natural que los padres de familia estén contentos a ver que sus hijos, quienes están recibiendo clases por medio de los voluntarios de la iglesia, mejoran sus calificaciones. Aquellos que están aprendiendo a leer sean capaces de escribir el abecedario, por ejemplo, o de escribir oraciones cortas y sencillas, sepan escribir su nombre y hasta firmar. Será algo hermoso informar a la iglesia que aquellos que estuvieron recibiendo capacitación para aprender un oficio, ya han obtenido un certificado formal del gobierno para ejercerlo e inclusive, que algunos ya están instalados en un empleo.

Será muy benéfico escuchar que los que estuvieron siendo capacitados para abrir su negocio ya estén dando los primeros pasos. Que los que no tenían trabajo ya obtuvieron uno, etc.

No obstante, lo más bello será escuchar de aquellos —de entre los participantes— que ya han tomado su decisión por Cristo; o al menos, que ya están involucrados en las células, o asistiendo a la iglesia.

En el informe también pueden darse a conocer algunas necesidades que las familias participantes tienen y por las cuales desean que la iglesia ore.

Resultados dentro del EAM

El primer impacto sin duda alguna es experimentado entre los voluntarios mismos, en todos aquellos que están siendo parte del Equipo de Acción Misional. Ellos contarán sus propias experiencias y serán animados por la satisfacción de estar haciendo el trabajo del Señor. Algunos de ellos seguro compartirán que al principio no estaban convencidos de que el programa funcionaría, e inclusive, algunos quizá confiesen que estuvieron en total desacuerdo; sin embargo, ahora, dando ellos mismos un testimonio positivo acerca del programa, reforzarán el ánimo de todos los demás.

En todas las iglesias en donde se implementa algo nuevo es natural que exista oposición. Hay personas que no están de acuerdo en participar e inclusive se oponen a que exista algún tipo de cambio. A estas personas deberá tratárseles con sumo cuidado y convencerles de que se trata de un programa piloto, es decir, de una prueba. Luego, al término de un período, por ejemplo, de seis meses, al evaluar los resultados, se decidirá si la iglesia mantiene así el curso de acción o bien, regresa al sistema tradicional en que estuvo.

Los miembros del EAM y todos los colaboradores invierten sus vidas en la obediencia al mandato de Cristo: «amarás a tu prójimo como a ti mismo» (Mateo 22:39), estas palabras cobrarán un total sentido para todos los miembros del EAM. Así, cada uno de los integrantes podrán expresar sus propias experiencias y hacer una autoevaluación: ¿cuáles son los cambios que ellos han experimentado en sus propias vidas luego de su participación en el proyecto de transformación misional?

Por regla general todos los voluntarios tendrán gran satisfacción al darse cuenta de que ellos también pueden ser usados por Dios para marcar la diferencia en las vidas de más de uno. Se gozarán al escuchar los testimonios de aquellos que, por la gracia de Dios, han recibido al Señor en sus vidas y han dejado atrás una vida de vicios y fracaso.

Los retos superados

Las prácticas misionales involucran una serie de retos diversos. Estos incluyen la evaluación del liderazgo, de la congregación, y de las familias participantes; también la realización de una lectura teológica de la ciudad o zona, el dominio de la capacidad de trabajar en equipo, el diseño de cuestionarios, el estudio de los informes de la iglesia local y de la comunidad y la formación de diversos tipos de apoyo, entre muchos otros retos. Otros retos son: la formación del Equipo de Acción Misional, la capacitación de todo el personal en diversas disciplinas y aptitudes, por ejemplo, en la habilidad para escuchar efectivamente, etc.

El reto de elegir las estrategias más convenientes y de las personas que serán invitadas para ser beneficiadas. La creación de manuales de procedimientos y de los requisitos para poder participar en alguna actividad determinada. Por ejemplo, cuando se habla de ir por personas es necesario que el vehículo de transporte cuente con un seguro de responsabilidad civil, asientos especiales para niños, cinturones de seguridad, y que el conductor tenga una licencia de manejo vigente emitida por el estado en que se está manejando. Otro ejemplo es para los que cuidan niños, ellos deben de llenar un cuestionario que incluya preguntas acerca de su vida personal, y el EAM debe cerciorarse de que estas personas son capaces de desempeñar esta función. Siempre debe tomarse en cuenta que se estará trabajando con gente extraña.

Otro de los retos reside en el lenguaje empleado en cada uno de los documentos escritos, llámese encuestas, manuales, material de estudio, etc. Todo debe revisarse adecuadamente para que presente un lenguaje totalmente claro y no dé lugar a confusiones, dudas o diversas interpretaciones. Si es posible, todo debe ser revisado por un experto en comunicación escrita.

En la evaluación se determina si todos los retos realmente fueron superados o bien, si es necesario mejorar los métodos existentes.

Evaluación del cumplimiento de la visión

La función del pastor como el líder más importante de toda la movilización misional y, claro de toda la visión de la iglesia en general, ocupa un lugar clave. Él o ella aporta ideas que deberán llevarse el terreno de la práctica, y él/ella mismo evalúa si las ideas que los demás miembros del equipo aportan están encaminadas en la dirección de la visión. La iglesia sigue la visión pastoral en todo sentido y él/ella deberá ser la última instancia de evaluación.

El pastor, siendo dirigido por el Señor mismo, hace que la iglesia se encamine hacia el cambio misional y cada uno de sus mensajes deberá tener esa tónica durante un tiempo apropiado. Así el pastor mismo evalúa si sus mensajes están siendo realmente efectivos para el cambio misional.

Durante cierto período —mayormente al principio— quizá tres o seis meses, el pastor deberá predicar con la tónica misional y observar que tanta aceptación tienen sus mensajes. Él verá si se generan preguntas, si la gente pasa al altar, si existen comentarios positivos, etc. Esto será sumamente importante para que la iglesia adopte la visión pastoral y es una parte esencial de la evaluación de todo el proyecto de transformación. Los mensajes misionales consiguen plantar un fundamento teológico y práctico mucho más sólido para toda la movilización misional.

Evaluación de la experiencia con las entidades fuera de la iglesia

En todo el proceso de transformación misional, y en este caso, del abatimiento de la pobreza en la comunidad, se puede echar mano de aquellas organizaciones y entidades gubernamentales con las cuales la iglesia pueda coordinarse para trabajar en pro de la comunidad.

La iglesia muy seguramente no cuenta con todos los recursos que la comunidad requiere, es decir, ayuda médica, servicios consulares, agencias de empleo, etc. Pero puede asociarse con otras organizaciones ya sea privadas o del gobierno para tal efecto. Con ellos se organizan eventos, conferencias, ferias, etc., que luego serán evaluadas.

La iglesia tiene una pregunta en mente, ¿de qué manera es posible participar para ayudar a la comunidad? Pero también, ¿cómo se puede aprovechar tal actividad para presentar de una forma u otra el mensaje del evangelio?

Los eventos en sí cumplen ya con un objetivo: dar a conocer que la iglesia existe, y que está interesada en el bien de la comunidad. Sin embargo, pueden generarse un sinnúmero de ideas respecto a acciones que despierten la conciencia espiritual de los asistentes. Por ejemplo, puede existir el requisito de qué, para participar, los asistentes tienen que pasar a un cuarto dentro de las instalaciones de la iglesia en donde por diez minutos se les comparta un consejo de la palabra de Dios y se les invite a recibir al Señor en su vida.

La evaluación consiste en observar si las estrategias adoptadas realmente están dando los resultados esperados. Si se logró plasmar en los asistentes una experiencia positiva, si se logró establecer una conexión y si hubo personas que recibieron el evangelio. Las juntas del EAM discutirán si las prácticas son las mejores o pueden existir otras que tengan resultados más positivos.

Aprender a pescar

El evangelio trasforma las vidas, y es natural que todos aquellos que entran al reino de Dios salgan de la miseria. Las familias, al verse beneficiadas con las acciones de los voluntarios, tenderán a tener una apertura cada vez mayor al evangelio, y como resultado, muchas de ellas serán transformadas por la palabra de Dios. En consecuencia, sus comportamientos serán cambiados, y se abrirá para ellos y sus familias un nuevo horizonte. Ahora tanto ellos como sus hijos tienen todo el potencial para vencer el ciclo de pobreza en el que estuvieron posiblemente durante muchas generaciones.

Ellos cambiarán sus hábitos de vida, tanto en su relación con Dios como con sus semejantes. Su actitud y modo de ver la vida será transformada; sus maneras de gastar el dinero también, y se creará para sus familias un ambiente de prosperidad.

La etapa de evaluación es sumamente importante para conocer qué realmente ha pasado en las vidas de las familias una vez que se han impartido los cursos, seminarios, conferencias, etc., en los que la iglesia ha estado involucrada. Por ejemplo, una buena pregunta sería, ¿cómo siente usted que la clase «Administración del dinero en la familia» ha mejorado su nivel de vida? ¿Cuáles son sus impresiones respecto al curso «La escuela para padres»?

El proyecto misional para vencer el ciclo de pobreza tiene el objetivo, no de estar constantemente brindando ayuda monetaria y material a la comunidad, sino de enseñarles a pescar; es decir, enseñarles a cómo salir debidamente —por ellos mismos— del ciclo de pobreza. Ellos apreciarán lo esencial de tener a Cristo como el centro de sus vidas, a ser sabios y entendidos para generar recursos; asimismo sabrán cuáles son las maneras más efectivas de administrar e invertir todos los recursos que Dios ponga en sus manos.

El impacto en la congregación y en la comunidad

A fin de evaluar el impacto real que la transformación misional tuvo en la congregación se puede hacer uso de encuestas. Las preguntas planteadas podrán girar en torno a tres áreas principales. En primer lugar, en cuanto a la asimilación de la teología de la iglesia en referencia al concepto misional. En segundo lugar, preguntas que planteen una comparación entre los métodos de evangelismo tradicional y las del nuevo modelo integral. En tercer lugar, las encuestas deberán contener preguntas respecto a la experiencia social y comunitaria en la práctica ministerial de los voluntarios.

En el momento de la evaluación la congregación debe estar convencida de que, a fin de haber un cambio en la forma tradicional de hacer las cosas en la iglesia, primero tiene que haber un fundamento teológico sólido.

También, las preguntas contenidas en la encuesta podrían hacerles reflexionar respecto a ellos mismos: ¿cómo se dio el cambio de perspectiva? Es natural que las personas teman a los cambios, a pisar en terrenos que nunca antes fueron explorados; así, la evaluación es una oportunidad para que la congregación comparta su experiencia.

Las preguntas en relación con la forma de evangelizar deberán tener como objetivo el conocer cuál es la nueva forma de pensar de la congregación respecto al evangelismo. Que la congregación exprese su opinión respecto a cómo la ayuda brindada a la comunidad (para romper los ciclos de pobreza) es útil para el evangelismo.

Finalmente, debe evaluarse en forma general cuales son los cambios que se están presentando en la comunidad en su conjunto. Desde luego, para que exista un cambio integral visible en la comunidad es necesario que pase suficiente tiempo; sin embargo, quizá al tiempo de la evaluación algunos cambios positivos ya empiezan a presentarse. Dios usará a la iglesia para ser un verdadero factor de cambio positivo dentro de la comunidad en la que está circunscrita.

CONCLUSIONES

LA IGLESIA COMPARTE UNA MISIÓN INTEGRAL, y su misión no sólo consiste en compartir el evangelio con los perdidos, sino también ayudarles a romper los ciclos de pobreza en que se encuentran. A continuación, a manera de listado, presento treinta de las más importantes conclusiones a las que llego en este libro:

1. La comunidad circundante es la primera misión de la iglesia. Muchas iglesias están simplemente refugiadas en su propio edificio y necesitan salir a escuchar lo que sucede afuera.

2. Es necesario realizar un análisis profundo: no basta con tener una idea de lo que está sucediendo en nuestra comunidad, se necesita hacer un estudio real con datos específicos.

3. La necesidad expuesta por Jesús —la necesidad espiritual— es la necesidad más importante del ser humano y es la que deba de ser satisfecha a toda costa.

4. No es la voluntad de Dios que el ser humano viva en la miseria, y Él ha empeñado su Palabra diciendo que sacará de ahí a todo aquel que le sirva.

5. La voluntad de Dios no sólo es que los suyos salgan de la miseria, sino que cada uno de ellos abunde en lo material para que ayuden a otros, pues dice: «... a fin de que, teniendo siempre en todas las cosas lo suficiente, abundéis para toda buena obra» (2 Corintios 9:8).

6. La iglesia debe de encarnar el evangelio dentro de la comunidad en donde ministra.

7. La iglesia debe descubrir las maneras más convenientes para acercarse a su comunidad a fin de hacerse atractiva a ella. La comunidad de

su entorno debe darse cuenta de que la iglesia tiene la solución de Dios para ella.

8. La iglesia debe estar dispuesta a realizar los cambios estructurales y estratégicos que convengan a fin de realizar hoy la misión de Dios. Algunas de las estrategias adoptadas en el pasado podrían no funcionar y deberán revisarse.

9. Es necesario que la iglesia, en lugar de tan sólo enfocarse en hacer «obra social» en momentos de crisis especiales se aboque a encontrar soluciones radicales e integrales.

10. La pobreza, en la inmensa mayoría de los casos, es definida por las condiciones sociopolíticas y de infraestructura del entorno.

11. En la agenda divina está abatir la miseria de la humanidad y esto incluye el aspecto material.

12. En las Escrituras vemos un cristianismo misericordioso, una forma de vivir en donde los débiles e indefensos tienen lugar y son protegidos. Donde los despojados son tratados con dignidad y sus heridas son curadas.

13. Se puede observar, a lo largo de las Escrituras, que la voluntad de Dios es que el ser humano tenga no sólo lo suficiente, es decir, que se encuentre en un mero estado de supervivencia, sino que abunde y comparta con los que padecen necesidad. Sin embargo, dentro de los padecimientos que el cristiano pudiere padecer por causa del Señor se encuentra la pobreza material por la causa del evangelio.

14. La misión de Dios consiste en poner en acción todo el significado del evangelio.

15. El Señor Jesucristo enseña respecto al trato que debe dársele al pobre, y en la parábola del rico y Lázaro da a conocer que el rico estaba desprovisto de la salvación de su alma, de ello la supremacía de la riqueza en fe.

16. La iglesia está llamada a derribar los muros de hostilidad entre individuos y grupos, a entender la problemática de la pobreza, sus orígenes y posibles soluciones para así emprender procesos de transformación.

17. Queda demostrado, mediante diversos pasajes contenidos en el pentateuco, que Dios siempre estuvo interesado en que existiera equidad entre su pueblo. Asimismo, habla de la misericordia y compasión que los israelitas estaban obligados a mostrar para con los pobres y desfavorecidos.

18. Dios dice que las viudas, los huérfanos, los extranjeros y los débiles

—es decir, el sector vulnerable de la comunidad— debe tener un trato especial debido a su condición.

19. La ley de Dios nos habla de los deberes que tenían los israelitas respecto a los pobres (lo que para la iglesia se convierte en principios respecto a la voluntad de Dios). Asimismo, no sólo habla de favorecer y dar a los pobres sino de ayudarles a que éstos recuperen su dignidad.

20. Al hacer un examen exhaustivo de los salmos, los proverbios y los escritos de los profetas se pueden extractar una multitud de pasajes que hablan sobre el trato justo en el juicio, de la denuncia de los opresores y de la orden de Dios de mostrar amor y misericordia al agraviado y menesteroso. También, en los pasajes proféticos respecto al reinado mesiánico se observa el mismo tenor.

21. Dios no condena tener posesiones en el mundo, sin embargo, para quienes caen en esta categoría ordena: 1) que reconozcan que las riquezas son una falsa seguridad; 2) que tengan en mente que su cuerpo se envejecerá y morirá; y (3) que sus empresas marchitarán. Asimismo, les manda: Que no sean altivos, ni pongan su esperanza en las riquezas y sean ricos en buenas obras y acciones generosas.

22. Dios está totalmente en contra del favoritismo, el cual consiste —basado en la epístola de Santiago— en otorgar privilegios a los ricos, en tanto a los pobres no se les da la importancia que merecen.

23. Voltear la mirada a los pobres y marginados y demostrar con acciones el evangelio que la iglesia predica es la demostración de la fe viva. La fe genuina es aquella que se fundamenta en la palabra de Dios y se aplica a favor de los desvalidos y los oprimidos de la sociedad.

24. Dios advierte en su Palabra respecto al fin que tendrán aquellos ricos que no obedecen al evangelio y oprimen a los pobres.

25. El peor negocio es no compartir con los necesitados, pues cualquier riqueza que hayamos acumulado hará alas como alas de águila.

26. El resultado de la acumulación injusta de los recursos es que el rico opresor se dedica a gastarlos en placeres y termina por asesinar al prójimo.

27. Es imperativo realizar cambios sensibles en la estructura de la iglesia, pero estos cambios deben ser graduarles y adecuarse a las condiciones propias de cada lugar. Se necesita mucha oración, diálogos y reflexión.

28. La creación de un equipo especialmente conformado para la puesta en marcha de la transformación a iglesia misional será clave para el éxito.

29. La teoría y el cambio de mentalidad, tanto en el pastor mismo como en la iglesia, es quizá el mayor de los retos para transformar una iglesia tradicional a una misional.

30. Una de las etapas más importante en el proceso de transformación misional es la evaluación de los resultados. Esta evaluación hará que todos los participantes se gocen con los resultados, se hagan los ajustes necesarios en las distintas etapas y se logren visualizar áreas de oportunidad antes no advertidas. La evaluación deba de realizarse en los voluntarios, los miembros del EAM, los beneficiarios de los programas y de los avances presentados en la comunidad en su conjunto.

EPÍLOGO

LOS MOVIMIENTOS MIGRATORIOS hacia las zonas urbanas vienen acompañados de efectos colaterales, tales como el desempleo, la superpoblación, la falta de vivienda, la escasez de trabajo y transporte, la falta de acceso a los servicios de salud y muchos otros más. Estos son algunos de los factores que hacen que la pobreza sea más aguda en donde se presenta. Siendo un problema complejo, si se entienden sus orígenes, entonces es posible concentrar la energía para responder adecuadamente.

En este libro primero se analizó en forma generalizada el tema de la pobreza. Luego, mediante la luz que brindan las Escrituras, se dilucidó la mente de Dios al respecto. Se realizó un análisis exhaustivo del libro de Santiago en lo que respecta al tema; y, consecuentemente, en la última sección, se trató lo relacionado a la transformación misional y a la evaluación de todos los esfuerzos.

En todo ello, se puede notar que la obra social y la evangelización van muy de la mano. La iglesia así será el medio que Dios usará para instruir a su comunidad en todo sentido: no sólo en la instrucción de las cosas sagradas y divinas sino, además, en lo que tiene que ver con la vida cotidiana tanto para adultos como para adolescentes y niños; y así, ayudar a las familias a salir de su miseria tanto espiritual como física. Sin embargo, aunque el problema de la pobreza puede revertirse, para lograrlo se requiere un proceso que en muchos casos lleva años. Por tanto, es imperativo ser pacientes y perseverantes. Es necesario continuar invitando a los miembros de la congregación a involucrarse en las prácticas misionales dentro de la comunidad circundante y continuar así, haciendo la obra de Dios.

Se debe seguir instruyendo y preparando a la iglesia mediante cursos de capacitación sobre el modo de hacer iglesia misional en todos los niveles de la membresía, a fin de que todos tengan bien claro en lo que consiste el plan de trabajo.

Asimismo, la iglesia debe estar consiente de los desafíos económicos que esta clase de proyectos demanda, y deberán establecerse planes para recaudar fondos. Es también importante tener registro de todo y redactarse manuales, directorios y todo tipo de información reusable. Deberá realizarse un listado de las agencias e instituciones públicas y privadas en la comunidad que cuenten con recursos especializados y programar los acercamientos necesarios con las mismas.

Finalmente, siempre se debe recordar que en todo el proceso de transformación misional y de la puesta en marcha de los programas elegidos para beneficiar a la comunidad, la iglesia debe estar en constante oración; ya que, tratándose de la conquista de las almas perdidas, todos los esfuerzos serán obstaculizados por el diablo. Se trata entonces de una lucha espiritual multidimensional.

Una y otra vez, las ordenanzas bíblicas nos exhortan a cuidar de los menesterosos y marginados de este mundo. Dios tiene un lugar especial en su corazón para los oprimidos, las viudas y los huérfanos; por ello, todo aquel que se convierte en parte de este mover en pro de los tales, podrá estar seguro de que está agradando a Dios.

Toda iglesia que se esfuerza en hacer la voluntad de su Señor, tarde que temprano verá el fruto de su siembra. Todo el proceso de transformación misional y de la ruptura de los ciclos de pobreza en la comunidad redundará en grandes satisfacciones, y los grandes desafíos que la iglesia enfrenta en el cumplimiento de la Gran Comisión serán finalmente dominados: las almas vendrán al Señor y en el reino de los cielos habrá fiesta.

REFERENCIAS

Alexander, D. (2010). *Responsibility to the poor: a matter of justice, not charity. The Guardian Magazine.* https://www.theguardian.com/global-development/poverty-matters/2010/oct/08/douglas-alexander-responsibility-poor-justice

Arreguin, J. (1984). Teología de la inmigración. Conferencia presentada en Pasadena California. Fuller Theological Seminary.

Bosch, D. (2005). Misión en transformación: Cambios de paradigma en la teología de la misión. Grand Rapids, MI: Libros Desafíos.

Branson, M. (2004). *Memories, Hopes and Conversations: Appreciative Inquiry and Congregational Change. Brendon, VA: The Alban Institute.*

Davey, A. (2001). Cristianismo urbano y globalización. Santander: Editorial Sal Terrae.

Deci, E. L., Ryan, R. M. (2013). *The Importance of Universal Psychological Needs for Understanding Motivation in the Workplace. Oxford Handbooks Online.* doi:10.1093/oxfordhb/9780199794911.013.003

Deiros, P (1997). Diccionario hispano-americano de la misión. Buenos Aires, Argentina: COMMIBAM Internacional.

Duffin, E. (2017). *Poverty rate in the United States in 2017, by education. Statista.* https://www.statista.com/statistics/233162/us-poverty-rate-by-education/

Driver, J. (1998). Imágenes de una iglesia en misión: Hacia una eclesiología transformadora. Ciudad de Guatemala: Ediciones Semilla.

Editorial Portavoz (2004). Biblia de bosquejos y sermones: Hebreos y Santiago, vol. 11. Grand Rapid, MI.

Engle, P. L., & Black, M. M. (2008). *The Effect of Poverty on Child Development and Educational Outcomes. Annals of the New York Academy of Sciences,* 1136(1), 243–256. doi: 10.1196/annals.1425.023

Gibbs, E. (2005). La iglesia del futuro: Cambios esenciales para lograr un desempeño eficaz. Buenos Aires: Editorial Peniel.

Gonzalez, A. (2003). Reinado de Dios e imperio: ensayo de teología social. Santander: Editorial Sal Terrae.

Gray, A. (2001). *Definitions of crowding and the effects of crowding on health: a literature review.* Wellington, N.Z.: Ministry of Social Policy.

Grant, B. F., Chou, S. P., Saha, T. D., Pickering, R. P., Kerridge, B. T., Ruan, W. J., ... Hasin, D. S. (2017). Prevalence of 12-Month Alcohol Use, High-Risk Drinking, and DSM-IV *Alcohol Use Disorder in the United States, 2001-2002 to 2012-2013.* JAMA Psychiatry, 74(9).

doi: 10.1001/jamapsychiatry.2017.2161

Kahneman, D. (2015). *Thinking, Fast and Slow. New York: Farrar, Straus and Giroux.*

Keener, C. (2003). Comentario del contexto cultural de la Biblia: Nuevo Testamento. El Paso, TC: Editorial Mundo Hispano.

Kistemarker, S. (2007). Comentario al Nuevo Testamento: Santiago, 1-3 Juan. Grand Rapids, MI: Libros Desafío.

Lewis, O. (1966). La vida: *A Puerto Rican Family in the Culture of Poverty-San Juan and New York. New York: Random House.*

Lupton, B. (1995). *Relocation, Living in the Community, en J. M. Perkins (Ed.), Restoring At-risk Communities: Do it Together and Doing it Right. Grand Rapids, MI: Baker Books.*

Magariño, A. (2000). Evangelizando por medio de la acción social. St. Lois, MO: Editorial Concordia.

Martínez, J., & Branson, M. L. (2013). Iglesias, culturas y liderazgo: Una teología práctica para congregaciones y etnias. Miami: Editorial Vida.

Martínez, J. (2008). Caminando con el pueblo: Ministerio latino en los Estados Unidos. *Nashville: Abingdon Press.*

Monbiot, G. (2011). *The Self-Attribution Fallacy.* Recuperado de https://www.monbiot.com/2011/11/07/the-self-attribution-fallacy/

Mittelman, W. (1991). *Maslow's study of self-actualization: A reinterpretation. Journal of Humanistic Psychology.* 31 (1), 114–135.

doi: 10.1177/0022167891311010

Myers, B. (2002). Caminar con los pobres: Manual teórico-práctico de desarrollo transformador. Buenos Aires: Ediciones Kairós.

National Institute on Drug Abuse (2020). *National Drug Overdose Deaths 1999-2017.* Recuperado de https://www.drugabuse.gov/related-topics/trends-statistics/overdose-death-rates.

Navarro Botella, J. (1977). Sociedad y Marginación. Documentación social. Revista de estudios sociales y de sociología aplicada, 28, p. 34.

Norberg, J. (2005). La globalización y los pobres. Cato *Institute*. Recuperado de https://www.elcato.org/la-globalizacion-y-los-pobres

Padilla, C. (2006). ¿Qué es la misión integral? Buenos Aires: Ediciones Kairós.

Padilla, C. (Ed.), Yamamori, T. (Ed.), Voth, E. (autor), Cortés, O. (autor), Olson, S. (autor) (2001). Misión integral y pobreza (CLADE IV – Congreso Latinoamericano de Evangelización). Buenos Aires: Ediciones Kairos.

Padilla C, & Yamamori, T. (2003). La iglesia local como agente de transformación: una eclesiología para la misión integral. Buenos Aires, Argentina: Ediciones Kairós.

Perez-Milos, S. (2011). Comentario exegético al texto griego del Nuevo Testamento: Santiago. Barcelona: Editorial Clie.

Roxburgh, A., & Romanuk , F. (2006). Manual para el desarrollo de iglesias misionales, 15-17. [Material no publicado].

Roxburgh, A. & Romanuk, F. (2006). *The missional leader: Equipping your church to reach a changing world*. San Francisco, CA: Jossey-Bass.

Senge, P. M. (1998). La quinta disciplina: El arte y la práctica de la organización abierta al aprendizaje. Buenos Aires: Granica.

Scholl L, Seth P, Kariisa M, Wilson N, & Baldwin G (2018). *Drug and Opioid-Involved Overdose Deaths – United States, 2013-2017. WR Morb Mortal Wkly Rep. Centers for Disease Control and Prevention*. Recuperado de https://www.cdc.gov/mmwr/volumes/67/wr/mm675152e1.htm?s_cid=mm675152e1_w

Stott, John R. (1995). La fe cristiana frente a los desafíos contemporáneos. Grand Rapids, MI: Libros Desafíos.

Swindoll, C. (2010). Comentario del Nuevo Testamento: Santiago-1 y 2 de Pedro. Miami: Editorial Vida.

Tang, T. L.; West, W. B. (1997). *The importance of human needs during peacetime, retrospective peacetime, and the Persian Gulf War. International Journal of Stress Management*. 4 (1), 47–62.
doi: 10.1007/BF02766072

Tenney, M. (1989). Nuestro Nuevo Testamento: estudio panorámico del Nuevo Testamento. Grand Rapids, MI: Editorial Portavoz.

The Word Bank (2008). *New data show 1.4 billion live on less than $1.25 a day, but progress against poverty remains strong*. Recuperado de https://www.worldbank.org/en/news/press-release/2008/09/16/new-data-show-14-billion-live-less-us125-day-progress-against-poverty-remains-strong

UNESCO (2017). *World Poverty Could Be Cut in Half if All Adults Completed Secondary Education*. Recuperado de http://uis.unesco.org/en/news/world-poverty-could-be-cut-half-if-all-adults-completed-secondary-education.

US Census Bureau (2018). *America's Families and Living Arrangements: 2018.* Recuperado de https://www.census.gov/data/tables/2018/demo/ families/cps-2018.html

US Census Bureau (2017). *Income and Poverty in the United States: 2017 - census.gov.* Recuperado de https://www.census.gov/content/dam/Census /library/publications/2018/demo/p60-263.pdf

US Census Bureau. (2018). *America's Families and Living Arrangements: 2016.* Recuperado de https://www.census.gov/data/tables/2016/ demo/families/cps-2016.html

Van Gelder, C. (Ed.) (2007). *Introduction: Engaging the Missional Conversation.* En *The Missional Church in Context: Helping Congregations Develop Contextual Ministry* (pp. 17-43). Grand Rapids, MI: Eerdmans.

Van Gelder, C. (Ed.) (2007). *How Missiology Can Help Inform the Conversation about the Missional Church in Context.* En *The Missional Church in Context: Helping Congregations Develop Contextual Ministry* (p. 41). Grand Rapids, MI: Eerdmans. [Traducido por el editor].

VerBruggen, R. (2017). *How We Ended Up With 40 Percent of Children Born Out of Wedlock. Institute for family Studies.* Recuperado de https://ifstudies.org/blog/how-we-ended-up-with-40-percent-of-children-born-out-of-wedlock.

Voth, E. (2001). Bases bíblicas para la misión integral en contextos de pobreza, en Padilla, C. & Yamamori (Eds.) Misión integral y pobreza. Buenos Aires: Ediciones Kairós.

Wahba, M. A., & Bridwell, L. G. (1976). *Maslow reconsidered: A review of research on the need hierarchy theory. Organizational Behavior & Human Performance,* 15 (2), 212-240.
doi: 10.1016/0030-5073(76)90038-6

Wheatley, M. (1994). Liderazgo y nueva ciencia: La organización vista desde las fronteras del siglo veintiuno. Barcelona: Ediciones Granica.

Wilson, J., & McCloskey, R. G. (1967). *The works of James Wilson.* Cambridge: Belknap Press of Harvard University Press.

Wright, C. (2006). *The Mission of God: Unlocking the Bible's Grand Narrative.* Downers Grove, IL: Intervarsity Press.

Wright, C. (2018). *The mission of God: unlocking the bibles grand narrative.* Grand Rapids, MI: Intervasity Press.

Zodhiates, S. (1992). *The Complete Word Study Dictionary: New Testament.* Chattanooga, TN: AMG Publishers.

PALABRA PURA
palabra-pura.com

La editorial Palabra Pura está dedicada a crear materiales de educación cristiana pentecostal y carismática para el estudio personal, la iglesia e institutos bíblicos. Usted puede consultar los recursos que ofrecemos en nuestra página web:

www.Palabra-Pura.com

Confiamos que la lectura de este libro haya sido de gran bendición para su vida. Mucho nos ayudará a seguir adelante si nos otorgara tan sólo unos minutos de su valioso tiempo para escribir un comentario positivo respecto a este libro en **la pagina de Amazon** (no es necesario comprar un libro para escribir su opinión o *review*) o **en nuestra pagina web** (pestaña valoración) palabra-pura.com/libros-cristianos/

Gracias por ser parte de nuestra comunidad de lectores y darnos el privilegio de servirle.
¡Dios le bendiga!